关税结构分析、中间品贸易与中美贸易摩擦

樊海潮 著

纪念改革开放四十周年丛书

40周年

复旦大学出版社

本丛书系"上海市中国特色哲学社会科学学术话语体系建设基地"研究成果

上海市社会科学界联合会
上海市哲学社会科学学术话语体系建设办公室
上海市哲学社会科学规划办公室
上海市"理论经济学高峰学科支持计划"
联合策划资助出版

纪念改革开放四十周年丛书编委会

学术顾问 洪远朋 张 军 陈诗一

主 任 寇宗来

委 员 王弟海 尹 晨 李志青 朱富强
　　　　 陈 硕 陆前进 高 帆 高 虹
　　　　 张 涛 张晖明 许 闲 章 奇
　　　　 严法善 樊海潮

主 编 张晖明

副主编 王弟海 高 帆

纪念改革开放四十周年丛书(12卷)作者介绍

丛书主编：张晖明，1956年7月出生，经济学博士，教授，博士研究生导师。现任复旦大学经济学系主任，兼任复旦大学企业研究所所长，上海市哲学社会科学研究基地复旦大学社会主义政治经济学研究中心主任，上海市政治经济学研究会会长。

丛书各卷作者介绍：

1.《国有企业改革的政治经济学分析》，张晖明。

2.《从割裂到融合：中国城乡经济关系演变的政治经济学》，高帆，1976年11月出生，经济学博士，复旦大学经济学院教授，博士生导师，经济学系常务副主任。

3.《中国二元经济发展中的经济增长和收入分配》，王弟海，1972年12月出生，经济学博士，复旦大学经济学院教授，博士生导师，院长助理，经济学系副系主任，《世界经济文汇》副主编。

4.《中国央地关系：历史、演进及未来》，陈硕，1980年2月出生，经济学博士，复旦大学经济学院教授。

5.《政治激励下的省内经济发展模式和治理研究》，章奇，1975年2月出生，经济学博士、政治学博士，复旦大学经济学院副教授。

6.《市场制度深化与产业结构变迁》，张涛，1976年4月出生，经济学博士，复旦大学经济学院副教授。

7.《经济集聚和中国城市发展》，高虹，1986年9月出生，经济学博士，复旦大学经济学院讲师。

8.《中国货币政策调控机制转型及理论研究》，陆前进，1969年9月出生，经济学博士，复旦大学经济学院教授。

9.《保险大国崛起：中国模式》，许闲，1979年9月出生，经济学博士，复旦大学经济学院教授，风险管理与保险学系主任，复旦大学中国保险与社会安全研究中心主任，复旦大学-加州大学当代中国研究中心主任。

10.《关税结构分析、中间品贸易与中美贸易摩擦》,樊海潮,1982年4月出生,经济学博士,复旦大学经济学院教授。首届张培刚发展经济学青年学者奖获得者。

11.《绿色发展的经济学分析》,李志青,1975年11月出生,经济学博士,复旦大学经济学院高级讲师,复旦大学环境经济研究中心副主任。

12.《中国特色社会主义政治经济学的新发展》,严法善,1951年12月出生,经济学博士,复旦大学经济学院教授,博士生导师,复旦大学泛海书院常务副院长。

总序一

改革开放到今天已经整整走过了四十年。四十年来,在改革开放的进程中,中国实现了快速的工业化和经济结构的变化,并通过城镇化、信息化和全球化等各种力量的汇集,推动了中国经济的发展和人均收入的提高。从一个孤立封闭型计划经济逐步转变为全面参与全球竞争发展的开放型市场经济。中国经济已经全面融入世界经济一体化,并成为全球第二经济大国。

中国社会经济的飞速发展源于中国改革开放的巨大成功。改革开放在"解放思想、实事求是"思想指导下,以"三个有利于"为根本判断标准,以发展社会生产力作为社会主义的根本任务,逐步探索建设中国特色社会主义事业的改革路径。四十年来的改革开放,是一个摸着石头过河的逐步探索过程和渐进性改革过程,也是一个伟大的社会发展和经济转型过程,是世界经济发展进程中的一个奇迹。当前,中国经济发展进入新常态,中国特色社会主义进入了新时代。回顾历史,借往鉴来,作为中国的经济学者,我们有义务去研究我们正在经历的历史性经济结构和制度结构转型过程,有责任研究和总结我们在过去四十年经济改革中所取得的众多成功经验和所经历过的经验教训。对这个历史变迁过程中已经发生的事件提供一个更好的理解和认识的逻辑框架,为解决我们当前所面临的困境和挑战提出一种分析思路和对策见解,从而让我们对未来尚未发生或者希望发生的事件有一个更加理性的预见和思想准备,这是每一个经济学者的目标。

为了纪念中国改革开放四十周年,深化对中国经济改革和社会发展过程的认识,加强对一些重大经济问题的研究和认识,同时也为更好解决当前以及未来经济发展所面临的问题和挑战建言献策,复旦大学经济学系主任张晖明教授组织编著了这套纪念改革开放四十周年丛书。本套丛书共包括十二卷,分别由复旦大学经济学系教师为主的十多位学者各自独立完成。丛书主要围绕四十年来中国经济体制改革过程中的重大经济问题展开研究,研究内容包括中国特色社会主义政治经济学的新发展、二元经济发展中的经济增长和收入分配、货币政策调控机制转型及理论研究、国企改革和基本经济制度完善、城乡关系和城乡融合、中央地方财政关系和财政分权、经济结构变迁和产业进入壁垒、经济集聚和城市发展、"一带一路"倡议和对外贸易、政治激励下的省内经济发展和治理模式、保险业的发展与监管、绿色发展和环境生态保护等十多个重大主题。

复旦大学经济学院具有秉承马克思主义经济学和西方经济学两种学科体系的对话和发展的传统。本套丛书在马克思主义指导下,立足中国现实,运用中国政治经济学分析方法、现代经济学分析方法和数理统计计量等数量分析工具,对中国过去四十年的改革开放的成功经验、特征事实以及新时代发展所面临的困境和挑战进行翔实而又深刻的分析和探讨,既揭示出了改革开放四十年来中国经济发展的典型事实和中国特色,也从中国的成功经验中提炼出了社会经济发展的一般规律和理论;是既立足于中国本土经济发展的事实分析和研究又具有经济发展一般机制和规律的理论创新和提升。

值得提及的是,编写纪念改革开放丛书已经成为复旦大学经济学院政治经济学科的一种传统。1998年复旦大学经济学院政治经济学教授伍柏麟先生曾主编纪念改革开放二十周年丛书,2008年复旦大学经济学院新政治经济学研究中心主任史正富教授曾主编纪念改革开放三十周年丛书。2018年正值改革开放四十周年之际,复旦大学经济学院经济学系主任张晖明教授主编了这套纪念改革开放四十周年丛书,也可谓是秉承政治经济学科的传统。

作为本套丛书的主要贡献者——复旦大学经济学院政治经济学科是国家的重点学科,也一直都是中国政治经济学研究和发展的最主要前沿阵地之

总序一

一。复旦大学经济学院政治经济学历史悠久,学术辉煌,队伍整齐。她不但拥有一大批直接影响着中国政治经济学发展和中国改革进程的老一辈经济学家,今天更聚集了一批享誉国内的中青年学者。1949年中华人民共和国成立以后,老一辈著名政治经济学家许涤新、吴斐丹、漆琪生等就在复旦大学执鞭传道;改革开放之后,先后以蒋学模、张薰华、伍柏麟、洪远朋等老先生为代表的复旦政治经济学科带头人对政治经济学的学科建设和人才培养,以及国家改革和上海发展都做出了卓越贡献。蒋学模先生主编的《政治经济学教材》目前已累计发行2000多万册,培育了一批批马克思主义的政治经济学理论学者和党政干部,在中国改革开放和现代化事业建设中发挥了重要作用。张薰华教授20世纪80年代中期提出的社会主义级差地租理论厘清了经济中"土地所有权"和"土地私有权"之间的关系,解释了社会主义经济地租存在的合理性和必要性,为中国的土地使用制度改革和中国城市土地的合理使用奠定了理论基础。目前,在张晖明教授、孟捷教授等国内新一代政治经济学领军人物的引领下,复旦大学政治经济学科聚集了高帆教授、陈硕教授、汪立鑫教授和周翼副教授等多位中青年政治经济学研究者,迎来新的发展高峰。2018年4月,由张晖明教授任主任的上海市哲学社会科学研究基地"复旦大学中国特色社会主义政治经济学研究中心"已经在复旦大学经济学院正式挂牌成立,它必将会极大推动复旦大学经济学院政治经济学理论研究和学科发展。作为复旦大学经济学院政治经济学理论研究宣传阵地,由孟捷教授主编的《政治经济学报》也已经获得国家正式刊号,未来也必将在政治经济学理论研究交流和宣传中发挥积极作用。

张晖明教授主编的本套丛书,可以视为复旦大学经济学院政治经济学科近来理论研究和学科发展的重要成果之一。通过对本套丛书的阅读,相信读者对中国的改革开放必将有新的认识和理解,对中国目前面临的挑战和未来发展必将产生新的思考和启发。

复旦大学经济学院教授、院长　张军

2018年12月9日

总序二

大约在两年前,我就开始考虑组织队伍,开展系列专题研究,为纪念改革开放四十周年撰写专著,承接和保持我们复旦大学政治经济学学科纪念改革开放二十周年、三十周年都曾经组织撰写出版大型丛书的学术传统,以体现经济理论研究者对经济社会发展的学术责任。我的这一想法得到学院领导的肯定和支持,恰好学院获得上海市政府对复旦理论经济学一级学科高峰计划的专项拨款,将我们这个研究计划列入支持范围,为研究工作的开展创造了一定的条件。在我们团队的共同努力下,最后遴选确定了十二个专题,基本覆盖了我国经济体制的主要领域或者说经济体制建构的不同侧面,经过多次小型会议,根据参加者各自的研究专长,分工开展紧张的研究工作。复旦大学出版社的领导对我们的丛书写作计划予以高度重视,将这套丛书列为2018年的重点出版图书;我们的选题也得到上海市新闻出版局的重视和鼓励。这里所呈现的就是我们团队这两年来所做的工作的最后成果。我们力求从经济体制的不同侧面进行系统梳理,紧扣改革开放实践进程,既关注相关体制变革转型的阶段特点和改革举措的作用效果,又注意联系运用政治经济学理论方法进行理论探讨,联系各专门体制与经济体制整体转型相互之间的关系,力求在经济理论分析上有所发现,为中国特色社会主义经济理论内容创新贡献复旦人的思想和智慧,向改革开放四十周年献礼。

中国经济体制改革四十年的历程举世瞩目。以1978年底召开的中国共产党十一届三中全会确定"改革开放"方针为标志,会议在认真总结中国开展社会主义实践的经验教训的基础上,纠正了存在于党的指导思想上和各项工作评价方式上存在的"左"的错误,以"破除迷信""解放思想"开路,回到马克思主义历史唯物主义"实事求是"的方法论上来,重新明确全党全社会必须"以经济建设为中心",打开了一个全新的工作局面,极大地解放了社会生产力,各类社会主体精神面貌焕然一新。从农村到城市、从"增量"到"存量"、从居民个人到企业、从思想观念到生存生产方式,都发生了根本的变化,改革开放激发起全社会各类主体的创造精神和行动活力。

中国的经济体制改革之所以能够稳健前行、行稳致远,最关键的一条就是有中国共产党的坚强领导。我们党对改革开放事业的领导,以党的历次重要会议为标志,及时地在理论创新方面作出新的表述,刷新相关理论内涵和概念表达,对实践需要采取的措施加以具体规划,并在扎实地践行的基础上及时加以规范,以及在体制内容上予以巩固。我们可以从四十年来党的历次重要会议所部署的主要工作任务清晰地看到党对改革开放事业的方向引领、阶段目标设计和工作任务安排,通过对所部署的改革任务内容的前一阶段工作予以及时总结,及时发现基层创新经验和推广价值,对下一阶段改革深化推进任务继续加以部署,久久为功,迈向改革目标彼岸。

党的十一届三中全会(1978)实现了思想路线的拨乱反正,重新确立了马克思主义实事求是的思想路线,果断地提出把全党工作的着重点和全国人民的注意力转移到社会主义现代化建设上来,作出了实行改革开放的新决策,启动了农村改革的新进程。

党的十二大(1982)第一次提出了"建设有中国特色的社会主义"的崭新命题,明确指出:"把马克思主义的普遍真理同我国的具体实际结合起来,走自己的道路,建设有中国特色的社会主义,这就是我们总结长期历史经验得出的基本结论。"会议确定了"党为全面开创社会主义现代化建设新局面而奋斗的纲领"。

党的十二届三中全会(1984)制定了《中共中央关于经济体制改革的决定》,明确坚决地系统地进行以城市为重点的整个经济体制的改革,是我国形势发展的迫切需要。这次会议标志着改革由农村走向城市和整个经济领域的新局面,提出了经济体制改革的主要任务。

党的十三大(1987)明确提出我国仍处在"社会主义初级阶段",为社会主义确定历史方位,明确概括了党在社会主义初级阶段的基本路线。

党的十四大(1992)报告明确提出,我国经济体制改革的目标是建立社会主义市场经济体制,就是要使市场在社会主义国家宏观调控下对资源配置起基础性作用;明确提出"社会主义市场经济体制是同社会主义基本制度结合在一起的"。在所有制结构上,以公有制为主体,个体经济、私营经济、外资经济为补充,多种经济成分长期共同发展,不同经济成分还可以自愿实行多种形式的联合经营。国有企业、集体企业和其他企业都进入市场,通过平等竞争发挥国有企业的主导作用。在分配制度上,以按劳分配为主体,其他分配方式为补充,兼顾效率与公平。

党的十四届三中全会(1993)依据改革目标要求,及时制定了《中共中央关于建立社会主义市场经济体制若干问题的决定》,系统勾勒了社会主义市场经济体制的框架内容。会议通过的《决定》把党的十四大确定的经济体制改革的目标和基本原则加以系统化、具体化,是中国建立社会主义市场经济体制的总体规划,是20世纪90年代中国进行经济体制改革的行动纲领。

党的十五大(1997)提出"公有制实现形式可以而且应当多样化,要努力寻找能够极大促进生产力发展的公有制实现形式"。"非公有制经济是我国社会主义市场经济的重要组成部分","允许和鼓励资本、技术等生产要素参与收益分配"等重要论断,大大拓展了社会主义生存和实践发展的空间。

党的十五届四中全会(1999)通过了《中共中央关于国有企业改革和发展若干重大问题的决定》,明确提出,推进国有企业改革和发展是完成党的十五大确定的我国跨世纪发展的宏伟任务,建立和完善社会主义市场经济体制,保持国民经济持续快速健康发展,大力促进国有企业的体制改革、机制转换、结构调整和技术进步。从战略上调整国有经济布局,要同产业结构的优化升级和所有制结构的调整完善结合起来,坚持有进有退,有所为有所不为,提高国有经济的控制力;积极探索公有制的多种有效实现形式,大力发展股份制和混合所有制经济;要继续推进政企分开,按照国家所有、分级管理、授权经营、分工监督的原则,积极探索国有资产管理的有效形式;实行规范的公司制改革,建立健全法人治理结构;要建立与现代企业制度相适应的收入分配制度,形成有效的激励和约束机制;必须切实加强企业管理,重视企业发展战略研究,健全和完善各项规章制度,从严管理企业,狠抓薄弱环节,广泛采用现代管理技术、方法和手段,提高经济效益。

党的十六大(2002)指出,在社会主义条件下发展市场经济,是前无古人的伟大创举,是中国共产党人对马克思主义发展作出的历史性贡献,体现了我们党坚持理论创新、与时俱进的巨大勇气。并进一步强调"必须坚定不移地推进各方面改革"。要从实际出发,整体推进,重点突破,循序渐进,注重制度建设和创新。坚持社会主义市场经济的改革方向,使市场在国家宏观调控下对资源配置起基础性作用。

党的十六届三中全会(2003)通过的《中共中央关于完善社会主义市场经济体制若干问题的决定》,全面部署了完善社会主义市场经济体制的目标和任务。按照"五个统筹"①的要求,更大程度地发挥市场在资源配置中的基础性作用,增强企业活力和竞争力,健全国家宏观调控,完善政府社会管理和公共服务职能,为全面建设小康社会提供强有力的体制保障。主要任务是:完善公有制为主体、多种所有制经济共同发展的基本经济制度;建立有利于逐步改变城乡二元经济结构的体制;形成促进区域经济协调发展的机制;建设统一开放、竞争有序的现代市场体系;完善宏观调控体系、行政管理体制和经济法律制度;健全就业、收入分配和社会保障制度;建立促进经济社会可持续发展的机制。

党的十七大(2007)指出,解放思想是发展中国特色社会主义的一大法

---

① 即统筹城乡发展、统筹区域发展、统筹经济社会发展、统筹人与自然和谐发展、统筹国内发展和对外开放。

宝,改革开放是发展中国特色社会主义的强大动力,科学发展、社会和谐是发展中国特色社会主义的基本要求。会议强调,改革开放是决定当代中国命运的关键抉择,是发展中国特色社会主义、实现中华民族伟大复兴的必由之路;实现未来经济发展目标,关键要在加快转变经济发展方式、完善社会主义市场经济体制方面取得重大进展。要大力推进经济结构战略性调整,更加注重提高自主创新能力、提高节能环保水平、提高经济整体素质和国际竞争力。要深化对社会主义市场经济规律的认识,从制度上更好发挥市场在资源配置中的基础性作用,形成有利于科学发展的宏观调控体系。

党的十七届三中全会(2008)通过了《中共中央关于农村改革发展的若干重大问题的决议》,特别就农业、农村、农民问题作出专项决定,强调这一工作关系党和国家事业发展全局。强调坚持改革开放,必须把握农村改革这个重点,在统筹城乡改革上取得重大突破,给农村发展注入新的动力,为整个经济社会发展增添新的活力。推动科学发展,必须加强农业发展这个基础,确保国家粮食安全和主要农产品有效供给,促进农业增产、农民增收、农村繁荣,为经济社会全面协调可持续发展提供有力支撑。促进社会和谐,必须抓住农村稳定这个大局,完善农村社会管理,促进社会公平正义,保证农民安居乐业,为实现国家长治久安打下坚实基础。

党的十八大(2012)进一步明确经济体制改革进入攻坚阶段的特点,指出"经济体制改革的核心问题是处理好政府和市场的关系",在党中央的领导下,对全面深化改革进行了系统规划部署,明确以经济体制改革牵引全面深化改革。

党的十八届三中全会(2013)通过了《中共中央关于全面深化改革若干重大问题的决定》,全方位规划了经济、政治、社会、文化和生态文明"五位一体"的336项改革任务,面对改革攻坚,提倡敢于啃硬骨头的坚忍不拔的精神,目标在于实现国家治理体系和治理能力的现代化。会议决定成立中共中央全面深化改革领导小组,负责改革总体设计、统筹协调、整体推进、督促落实。习近平总书记强调:"全面深化改革,全面者,就是要统筹推进各领域改革。

就需要有管总的目标,也要回答推进各领域改革最终是为了什么、要取得什么样的整体结果这个问题。""这项工程极为宏大,零敲碎打调整不行,碎片化修补也不行,必须是全面的系统的改革和改进,是各领域改革和改进的联动和集成。"①

党的十八届四中全会(2014)通过了《中共中央关于全面推进依法治国若干重大问题的决定》,明确提出全面推进依法治国的总目标,即建设中国特色社会主义法治体系,建设社会主义法治国家。

党的十八届五中全会(2015)在讨论通过《中共中央关于"十三五"规划的建议》中,更是基于对社会主义实践经验的总结,提出"创新、协调、绿色、开放和共享"五大新发展理念。进一步丰富完善"治国理政",推进改革开放发展的思想理论体系。不难理解,全面深化改革具有"系统集成"的工作特点要求,需要加强顶层的和总体的设计和对各项改革举措的协调推进。同时,又必须鼓励和允许不同地方进行差别化探索,全面深化改革任务越重,越要重视基层探索实践。加强党中央对改革全局的领导与基层的自主创新之间的良性互动。

党的十九大(2017)开辟了一个新的时代,更是明确提出社会主要矛盾变化为"不充分、不平衡"问题,要从过去追求高速度增长转向高质量发展,致力于现代化经济体系建设目标,在经济社会体制的质量内涵上下功夫,提出以效率变革、质量变革和动力变革,完成好"第一个一百年"收官期的工作任务,全面规划好"第二个一百年"②的国家发展战略阶段目标和具体工作任务,把我国建设成为社会主义现代化强国。国家发展战略目标的明确为具体工作实践指明了方向,大大调动实践者的工作热情和积极性,使顶层设计与基层主动进取探索之间的辩证关系有机地统一起来,着力推进改革走向更深层

---

① 习近平在省部级主要领导干部学习贯彻十八届三中全会精神全面深化改革专题研讨班开班式上的讲话,2014年2月17日。

② "第一个一百年"指建党一百年,"第二个一百年"指新中国成立一百年。

次、发展进入新的阶段。

改革意味着体制机制的"创新"。然而,创新理论告诉我们,相较于对现状的认知理解,创新存在着的"不确定性"和因为这种"不确定性"而产生的心理上的压力,有可能影响到具体行动行为上出现犹豫或摇摆。正是这样,如何对已经走过的改革历程有全面准确和系统深入的总结检讨,对所取得成绩和可能存在的不足有客观科学的评估,这就需要认真开展对四十年改革经验的研究,并使之能够上升到理论层面,以增强对改革规律的认识,促进我们不断增强继续深化改革的决心信心。

四十年风雨兼程,改革开放成为驱动中国经济发展的强大力量,产生了对于社会建构各个方面、社会再生产各个环节、社会生产方式和生活方式各个领域的根本改造。社会再生产资源配置方式从传统的计划经济转型到市场经济,市场机制在资源配置中发挥决定性作用,社会建构的基础转到以尊重居民个人的创造性和积极性作为出发点。国有企业改革成为国家出资企业,从而政府与国家出资的企业之间的关系就转变成出资与用资的关系,出资用资两者之间进一步转变为市场关系。因为出资者在既已出资后,可以选择持续持股,也可以选择将股权转让,从而"退出"股东位置。这样的现象,也可以看作是一种"市场关系"。通过占主体地位的公有制经济与其他社会资本平等合作,以混合所有制经济形式通过一定的治理结构安排,实现公有制与市场经济的有机融合。与资源配置机制的变革和企业制度的变革相联系,社会再生产其他方方面面的体制功能围绕企业制度的定位,发挥服务企业、维护社会再生产顺畅运行的任务使命。财政、金融、对外经济交往等方面的体制架构和运行管理工作内容相应配套改革。伴随改革开放驱动经济的快速发展,城乡之间、区域之间关系相应得到大范围、深层次的调整。我们在对外开放中逐渐培养自觉遵循和应用国际经济规则的能力,更加自觉地认识到,必须积极主动地融入全球化潮流,更深层次、更广范围、更高水平地坚持对外开放,逐渐提升在对外开放中参与国际规则制定和全球治理的能力。也正是由于对经济社会发展内涵有了更加深刻的认识,摈弃了那种片面追求

GDP增长的"线性"发展思维和行为,我们开始引入环境资源约束,自觉探寻可持续的"绿色"发展道路。

可以说,改革开放对中国经济社会产生全方位的洗礼作用。正是基于这样的见解,我们的**丛书研究主题**尽可能兼顾覆盖经济体制和经济运行的相关主要方面。为了给读者一个概貌性的了解,在这里,我把十二卷论著的主要内容做一个大致的介绍。

高帆教授的《从割裂到融合:中国城乡经济关系演变的政治经济学》,基于概念界定和文献梳理,强调经典的二元经济理论与中国这个发展中大国的状况并不完全契合。我国存在着发展战略和约束条件—经济制度选择—微观主体行为—经济发展绩效(城乡经济关系转化)之间的依次影响关系,其城乡经济关系是在一系列经济制度(政府-市场关系、政府间经济制度、市场间经济制度)的作用下形成并演变的,政治经济学对理解中国的城乡经济关系问题至关重要。依据此种视角,该书系统研究了我国城乡经济关系从相互割裂到失衡型融合再到协同型融合的演变逻辑,以此为新时代我国构建新型城乡经济关系提供理论支撑,为我国形成中国特色社会主义政治经济学提供必要素材。

张晖明教授的《国有企业改革的政治经济学分析》,紧扣国有企业改革四十年的历程,系统总结国有企业改革经验,尝试建构中国特色的企业理论。基于对企业改革作为整个经济体制改革"中心环节"的科学定位分析,该书讨论了企业经营机制、管理体制到法律组织和经济制度逐层推进变革,促成企业改革与市场发育的良性互动;概括了企业制度变革从"国营"到"国有",再到"国家出资";从"全民所有""国家所有"到"混合所有";从政府机构的"附属物"改造成为法人财产权独立的市场主体,将企业塑造成为"公有制与市场经济有机融合"的组织载体,有效、有力地促进政资、政企关系的变革调整。对改革再出发,提出了从"分类"到"分层"的深化推进新思路,阐述了国有企业改革对于国家治理体系现代化建设的意义,对于丰富和完善我国基本经济制度内涵的理论意义。

王弟海教授的《中国二元经济发展中的经济增长和收入分配》，主要聚焦于改革开放四十年来中国二元经济发展过程中的经济增长和收入分配问题。该书主要包括三大部分：第1编以中国实际GDP及其增长率作为分析的对象，对中国经济增长的总体演化规律和结构变迁特征进行分析，并通过经济增长率的要素分解，研究了不同因素对中国经济增长的贡献；第2编主要研究中国经济增长和经济发展之间的关系，探讨一些重要的经济发展因素，如投资、住房、教育和健康等同中国经济增长之间相动机制；第3编主要研究了中国二元经济发展过程中收入分配的演化，包括收入分配格局的演化过程和现状、收入差距扩大的原因和机制，以及未来可能的应对措施和策略。

陈硕教授的《中国央地关系：历史、演进及未来》，全书第一部分梳理我国历史上央地关系变迁及背后驱动因素和影响；第二和第三部分分别讨论当代央地财政及人事关系；第四部分则面向未来，着重讨论财权事权分配、政府支出效率、央地关系对国家、社会及政府间关系的影响等问题。作者试图传达三个主要观点：第一，央地关系无最优之说，其形成由历史教训、政治家偏好及当前约束共同决定；第二，央地关系的调整会影响国家社会关系，对该问题的研究需借助一般均衡框架；第三，在更长视野中重新认识1994年分税制改革对当代中国的重要意义。

章奇副教授的《政治激励下的省内经济发展模式和治理研究》认为，地方政府根据自己的政治经济利益，选择或支持一定的地方经济发展模式和经济政策来实现特定的经济资源和利益的分配。换言之，地方经济发展模式和政策选择本质上是一种资源和利益分配方式（包含利益分享和对应的成本及负担转移）。通过对发展模式的国际比较分析和中国20世纪90年代以来的地方经济发展模式的分析，指出地方政府领导层的政治资源的集中程度和与上级的政治嵌入程度是影响地方政府和官员选择地方经济发展模式的两个重要因素。

张涛副教授的《市场制度深化与产业结构变迁》，讨论了改革开放四十年来，中国宏观经济结构发生的显著变化。运用经济增长模型，从产品市场和劳动力市场的现实特点出发,研究开放经济下资本积累、对外贸易、产业政策等影响宏观经济结构变化的效应、机制和相应政策。

高虹博士的《经济集聚和中国城市发展》,首先澄清了对于城市发展的一个误解,就是将区域间"协调发展"简单等同于"同步发展",并进一步将其与"经济集聚"相对立。政策上表现为试图缩小不同规模城市间发展差距,以平衡地区间发展。该书通过系统考察经济集聚在城市发展中的作用发现,经济集聚的生产率促进效应不仅有利于改善个人劳动力市场表现,也将加速城市制造业和服务业产业发展,提升经济发展效率。该书为提高经济集聚程度、鼓励大城市发展的城市化模式提供了支持。

陆前进教授的《中国货币政策调控机制转型及理论研究》,首先从中央银行资产负债表的角度分析了货币政策工具的调控和演变,进而探讨了两个关键变量(货币常数和货币流通速度)在货币调控中的作用。该书重点研究了货币和信贷之间的理论关系以及信贷传导机制——货币调控影响货币和信贷,从而会影响中央银行的铸币税、中央银行的利润等——进而从货币供求的角度探讨了我国中央银行铸币税的变化,还从价格型工具探讨了我国中央银行的货币调控机制,重点研究了利率、汇率调控面临的问题,以及我国利率、汇率的市场化形成机制的改革。最后,总结了我国货币政策调控面临的挑战,以及如何通过政策搭配实现宏观经济内外均衡。

许闲教授的《保险大国崛起:中国模式》,讨论了改革开放四十年中国保险业从起步到崛起,按保费规模测算已经成为全球第二保险大国。四十年的中国保险业发展,是中国保险制度逐步完善、市场不断开放、主体多样发展、需求供给并进的历程。中国保险在发展壮大中培育了中国特色的保险市场,形成了大国崛起的中国模式。该书以历史叙事开篇,从中国保险公司上市、深化改革中的保险转型、中国经济增长与城镇化建设下的保险协同发展、对外开放中保险业的勇于担当、自贸区和"一带一路"倡议背景下保险业的时代作为、金融监管与改革等不同视角,探讨与分析了中国保险业改革开放四十年所形成的中国模式与发展路径。

樊海潮教授的《关税结构分析、中间品贸易与中美贸易摩擦》，指出不同国家间关税水平与关税结构的差异，往往对国际贸易产生重要的影响。全书从中国关税结构入手，首先对中国关税结构特征、历史变迁及国际比较进行了梳理。之后重点着眼于2018年中美贸易摩擦，从中间品关税的角度对中美贸易摩擦的相关特征进行了剖析，并利用量化分析的方法评估了此次贸易摩擦对两国福利水平的影响，同时对其可能的影响机制进行了分析。全书的研究，旨在为中国关税结构及中美贸易摩擦提供新的研究证据与思考方向。

李志青高级讲师的《绿色发展的经济学分析》，指出当前中国面对生态环境与经济增长的双重挑战，正处于环境库兹涅茨曲线爬坡至顶点、实现环境质量改善的关键发展阶段。作为指导社会经济发展的重要理念，绿色发展是应对生态环境保护与经济增长双重挑战的重要途径，也是实现环境与经济长期平衡的重要手段。绿色发展在本质上是一个经济学问题，我们应该用经济学的视角和方法来理解绿色发展所包含的种种议题，同时通过经济学的分析找到绿色发展的有效解决之道。

严法善教授的《中国特色社会主义政治经济学的新发展》，运用马克思主义政治经济学基本原理与中国改革开放实践相结合的方法，讨论了中国特色社会主义政治经济学理论的几个主要问题：新时代不断解放和发展生产力，坚持和完善基本经济制度，坚持社会主义市场经济体制，正确处理市场与政府关系、按劳分配和按要素分配关系、对外开放参与国际经济合作与竞争关系等。同时还研究了改革、发展、稳定三者的辩证关系，新常态下我国面临的新挑战与机遇，以及贯彻五大新发展理念以保证国民经济持续快速、健康、发展，让全体人民共享经济繁荣成果等问题。

以上十二卷专著，重点研究中国经济体制改革和经济发展中的一个主要体制侧面或决定和反映经济发展原则和经济发展质量的重要话题。反映出每位作者在自身专攻的研究领域所积累的学识见解，他们剖析实践进程，力求揭示经济现象背后的结构、机制和制度原因，提出自己的分析结论，向读者传播自己的思考和理论,形成与读者的对话并希望读者提出评论或批评的回应,以求把问题的讨论引向深入,为指导实践走得更加稳健有效设计出更加完善的政策建议。换句话说,作者所呈现的研究成果一定存在因作者个人的认识局限性带来的瑕疵,欢迎读者朋友与作者及时对话交流。作为本丛书的主编,在这里代表各位作者提出以上想法,这也是我们组织这套丛书所希望达到的目的之一。

是为序。

张晖明

2018 年 12 月 9 日

目　录

总序一　1

总序二　1

导论　1

上篇　中美关税结构特征及演变差异

第1章　中国关税结构特征及演变趋势　11

1.1　整体层面特征　13

　　1.1.1　关税均值　13

　　1.1.2　关税方差　14

　　1.1.3　关税高峰　14

小结　18

1.2　行业层面特征　19

　　1.2.1　进口产品用途　19

　　1.2.2　进口产品替代弹性　21

小结　23

1.3　关税变迁特征　24

　　1.3.1　最低关税产品　24

1.3.2 最高关税产品　27

1.3.3 高低关税产品比较　30

小结　31

第2章　美国关税结构特征、演变趋势及中美对比　33

2.1 整体层面特征　35

2.1.1 关税均值　35

2.1.2 关税高峰　36

小结　39

2.2 行业层面特征　39

2.2.1 进口产品用途　39

2.2.2 进口产品替代弹性　41

2.3 关税变迁特征　43

2.3.1 最低关税产品　44

2.3.2 最高关税产品　46

2.3.3 高低关税产品比较　49

2.4 中美关税结构特征对比小结　50

2.4.1 总体层面　50

2.4.2 行业层面　51

2.4.3 关税变迁层面　52

下篇　2018年中美贸易摩擦及其影响分析

第3章　2018年中美贸易摩擦回顾　59

3.1 中美摩擦回顾　61

3.1.1 中美贸易摩擦重要事件梳理　61

3.1.2 中美贸易摩擦下的美国企业——以半导体行业为例 72
3.2 中美贸易摩擦下中国企业的应对策略 75
 3.2.1 中国企业的短期策略——抢出口 75
 3.2.2 中国企业的长期策略 78

第4章 关税、贸易条件与福利 81

4.1 贸易条件与福利 83
 4.1.1 贸易条件对福利的影响 83
 4.1.2 贸易条件的确定 85
4.2 关税变化、贸易条件与福利 86
4.3 关税收入下的成本-收益分析 87
 4.3.1 生产者剩余与消费者剩余 88
 4.3.2 成本和收益 90
小结 91

第5章 中间品贸易与中美贸易摩擦 93

5.1 典型事实 95
5.2 理论模型及参数估计 98
 5.2.1 需求侧模型 98
 5.2.2 供给侧模型 99
 5.2.3 一般均衡分析 103
 5.2.4 福利效应衡量 104
5.3 数据来源及参数估计 106
 5.3.1 数据来源 106
 5.3.2 核心参数估计 107
5.4 基本结果与稳健性检验 110

5.4.1　基本结果分析　110

    5.4.2　稳健性检验　114

    5.4.3　后续分析　116

小结　118

结语　121

参考文献　125

附表 1　**HS2 分位章目商品名称及编码对照**　133

附表 2　**2000—2014 年中美历年关税高峰情况**　140

附表 3　**2000—2014 年中美排名前 10 的最低关税产品特征情况**　165

附表 4　**2000—2014 年中美排名前 10 的最高关税产品特征情况**　177

附表 5　**中美贸易摩擦三轮加征关税清单产品名录总结**　189

关税结构分析、中间品贸易与中美贸易摩擦

导 论

自 2001 年中国加入世界贸易组织(WTO)以来,中国大部分进口产品的关税都经历了大幅度减免。单纯从关税整体水平入手制定相应的政策,已经很难达到预期的"促增长、调结构"目标。2015 年,随着阿富汗成为 WTO 的正式成员,WTO 已在全球拥有 164 个正式成员,涵盖了世界上绝大部分国家和地区。就世界范围来看,尽管不同成员间的关税水平均有了大幅度下降,但不同国家(地区)间的关税水平与关税结构仍存在较大的差异,且这一差异会对国际贸易产生十分重要的影响。

根据罗德里格斯(Rodriguez,1998)的研究,发达国家近 30 年间的关税结构均未发生根本性的改变;尽管大多数国家仍然实行阶梯形关税结构①,但现实中部分国家并未采取这一结构(刘海云等,2007)。那么,当前中国的关税结构依然为阶梯形关税结构吗?同一关税结构对不同产品的影响差异有多大?不同产品的关税特征、变化及关税分布是否具有一定的规律性?我国关税政策的制定又可从中获得哪些启示?这些都将成为本书重点解答的问题。

另外,自 2016 年以来,尽管经济全球化、一体化和贸易自由化进程仍在不断推进,但随着英国脱欧、美国总统特朗普上台、跨太平洋伙伴关系协定(TPP)的"寿终正寝"以及各国家、地区间贸易摩擦的扩大,逆全球化趋势与贸易保护主义在不断抬头。② 伴随着这些逆全球化事件的频发,全球经济发展

---

① 具体表现为:从上游产品到下游产品关税税率逐级递增,从初级产品到制成品关税税率逐渐增加。

② 例如,2016 年 11 月 9 日特朗普当选为美国新一任总统,之后,美国先后退出 TPP 谈判与北美自由贸易协定,并大幅度提高进口关税。2017 年 3 月 29 日,英国首相特蕾莎·梅致函欧盟,正式开启英国"脱欧"程序;2018 年 3 月 19 日,欧盟与英国就 2019 年 3 月英国脱离欧盟后为期两年的过渡期条款达成广泛协议,同年 6 月 26 日,英女王批准英(转下页)

的不确定性日益加强,其中,尤以中美贸易摩擦最为典型。2017年8月,美国总统特朗普签署总统备忘录,授意美国贸易代表办公室对中国发起"301调查",拉开了中美新一轮贸易摩擦的序幕(余振等,2018)。2018年4月4日,美方宣布将就进口自中国的多类总价值达500亿美元的产品加收25%的关税,并公布加征关税清单;当日下午,作为反击,中国决定对原产于美国的同样涉及500亿美元的商品加征25%的进口关税,新一轮中美贸易摩擦正式开启(樊海潮和张丽娜,2018)。①

作为全球最大的两个经济体,中美两国爆发贸易摩擦势必会对两国及世界其他国家的福利水平产生巨大的影响。② 那么,这一影响具体有多大?该如何构建合适的模型对这一影响进行较为准确的评估?这些也将成为本书研究的重点问题。

具体而言,本书将在笔者以往研究成果的基础上,重点着眼于2018年中美贸易摩擦,从两国关税结构差异,特别是中间品关税的角度对中美贸易摩擦的相关特征进行剖析,并利用当下国际贸易领域内较为前沿的量化分析方法对前述所提问题进行回答。全书分上、下两篇:上篇重点探讨中美两国关税结构特征、演变趋势及差异比较;下篇则聚焦于2018年中美贸易摩擦,对其

(接上页)国脱欧法案,允许英国退出欧盟。2018年3月8日,美国总统特朗普签署法令,表示将对除墨西哥和加拿大外所有国家的钢铁和铝制品均征收进口关税。

① 截至目前,中美双方公布且已实施的互相加征关税清单有3轮。第一轮(2018年7月6日起正式生效),中方公布的产品涉及545项,美方涉818项,双方公布的加征关税税率均为25%。第二轮关税清单涉及双方各自从对方国家进口的总值约160亿美元的产品,2018年8月23日起已生效,加征关税税率为25%,其中中方清单涉及产品333项,美方清单涉及产品279项。第三轮关税清单则从2018年9月24日起生效,美方公布的关税清单涉及从中国进口的5 745项2 000亿美元产品,加征税率为10%,并自2019年1月1日起提至25%;中方公布的关税清单则涉及从美国进口的600亿美元产品,关税税率在5%和10%不等。资料整理自人民网、国务院关税税则委员会公告以及美国贸易代表(USTR)公告,详细清单见本书附录一。

② 如无特殊说明,全书所指中美贸易摩擦均为2018年中美贸易摩擦。

发展历程、潜在影响及有关影响机制进行剖析。

本书上篇将重点探讨中美两国 2000—2014 年间关税结构的特征、演变趋势及对比差异。关税结构一般指"关税税率结构",即一国关税税则中各类商品关税税率高低的相互关系。本书中,笔者将关税结构的内涵和外延做了扩展,除了探讨原有定义中"关税税则内各类商品关税税率高低的相互关系"外,不同产品(行业)的关税分布及分布的可能性变化及不同特征产品关税税率的高低和演变等问题也将纳入关税结构的分析与探讨范围。整体研究主要从时间、产品两个维度入手,对中美两国的关税水平、结构特征及演变趋势进行了研究。

本书下篇则主要着眼于 2018 年中美贸易摩擦。整体而言,下篇内容可以分为如下三个部分:第一部分对 2018 年中美两国贸易摩擦的历史进程及演进做了总结,并辅以相关案例,简单探讨了中美两国企业受此次贸易摩擦的影响及长短期可能的应对策略;第二部分则从经典贸易理论入手,对关税、贸易条件、福利决定等问题进行了简要的理论梳理;第三部分则运用当下国际贸易领域较为前沿的量化分析方法,从量化分析的角度对 2018 年中美贸易摩擦的可能影响及其影响机制进行了分析。不同于标准贸易理论中的研究结论,本书考虑了全球价值链后的量化分析结果发现,无论是美国单方面发动贸易摩擦还是两国互相加征关税,中美两国的福利水平均会恶化。[①]

全球化始终是各国互利互惠的发展方向。值此改革开放 40 周年之际,笔者基于本人以及与合作者的以往研究成果,整理成本书,希望能够为中国关税结构及此次中美贸易摩擦提供新的研究证据与思考方向。

---

① 标准贸易理论的研究表明,大国施加关税,本国贸易条件会发生改善;其他条件不变的情况下,本国福利水平便对应有所提高。

上 篇

中美关税结构特征及演变差异

关税一般是指对某种进口商品所征收的税款。① 关税结构则指的是一国关税税则中各类商品关税税率间的相互高低关系。早在20世纪60年代,巴拉萨(Balassa,1965)等学者的统计分析发现,世界上很多国家的关税结构为阶梯形关税结构,具体表现为:从上游产品到下游产品关税税率逐级递增,从初级产品到制成品关税税率逐渐增加。② 柯登(Corden,1966)等学者通过进一步的研究表明,多数国家采取阶梯形关税结构的原因之一在于,阶梯形关税结构可以有效地保护进口国国内市场和相关产业。那么,随着时间的推进,当前世界上的国家依然采取阶梯形关税结构吗?中国的关税结构又具有怎样的特征?是否与其他国家表现出明显的不同?这些正是本书上篇关注的重点。

近年来,不少学者也进一步从福利分析的角度,探讨了关税结构与一国福利及经济增长之间的关系。例如,福岛崇(Takashi Fukushima,1979)通过拓展八田(Hatta,1977)的研究证明,当所有高关税产品的关税都按照同等比例调低时,会提高进口国的福利及效用水平。安德森和尼亚里(Anderson & Neary,2007)的研究发现,进口关税变化会通过影响市场准入进而影响进口国福利水平的变化。纳恩和特雷弗勒(Nunn & Trefler,2010)则通过拓展格罗斯曼-赫尔普曼(Grossman-Helpman)的"保护待售"模型,从进口国长期经济增长的角度,探讨了关税结构的"技术差异(skill-bias)"与一国长期经济增长之间的关系,他们的研究发现,二者之间具有高度的正相关关系。

这些研究都进一步表明,了解一国关税水平及关税结构的演变趋势、相应特征以及与其他国家关税结构的异同,对一国更好地制定国家发展方略、关税方针及关税政策,具有十分重要的意义。然而,综观当前文献,聚焦于一国关税结构,以一国关税结构为主要研究对象,探讨其具体特征与演进的文

---

① 参见保罗·克鲁格曼:《国际经济学:理论与政策(第八版)》,中国人民大学出版社2013年版,第172页。

② 其他学者的统计分析研究也得到了相似的结论,如Hecht(1997),Finger & Yeats(1967),Clark(1985),Chen & Feng(2000),David Tarr(2005)等。

献却鲜而有之。

鉴于此,笔者在以往研究成果的基础上,具体从以下三个层面对中美两国关税结构的特征、变迁及对比差异进行了分析。①

(1) 整体层面,主要探讨了2000—2014年两国HS2章目层面,进口产品关税均值、方差及关税高峰三个指标随时间的变化趋势及具体变化特征。

(2) 行业层面,主要从具体产品特征的角度入手,通过探讨不同特征进口产品的关税特征及变化,反映两国关税演变及分布情况。选取的关键指标主要有两个,即联合国广义产品分类指标与产品进口替代弹性。这两个指标分别从进口产品用途及进口产品同国内同类产品之间的相互关系两个方面,对进口产品的特征进行了刻画,基本可以反映进口产品的主要特征。

(3) 关税变迁层面,重点从最高、最低两种相对极端的关税水平入手,来探讨不同关税保护水平下的产品特征及演变情况。通过对比分析处于不同关税水平下的各产品间的各方面差异,可以进一步探讨关税对特定产品和行业的贸易保护作用。

就研究用数据而言,该篇研究选取的关税数据为最惠国关税数据,时间跨度为2000—2014年。② 选取该数据主要有以下三点原因:

(1) 当前世界上大部分国家是WTO成员,成员之间采用的大多为最惠国关税,因此,最惠国关税基本可以代表国家间的实际关税水平;③

---

① 本书下篇考虑到有关中美贸易摩擦研究用数据区间的限制,将研究区间主要集中于2000—2014年,基本囊括了中国加入WTO前后及中美贸易摩擦爆发前后的主要区间。

② 最惠国关税数据主要来源于WITS(World Integrated Trade Solution)数据库,该数据库由世界银行和UNCTAD合作开发,是当前较为普遍使用的全球贸易数据库,从中可以获取相对系统且完整的最惠国关税数据。

③ 最惠国关税(the Most-favored-nation Rate of Duty)是WTO规定的关税税率的一种。根据WTO的相关规定,达成最惠国待遇协议的国家间享受给予的最惠国关税税率。WTO最惠国待遇原则规定,最惠国税率一般不得高于现在或者将来来自第三国同类产品所享受的关税税率。

(2) 与约束性关税相比,最惠国关税更能反映关税的实际水平;①

(3) 最惠国关税数据获取难度较低,且样本更为全面。

考虑到对关税水平进行贸易加权可能会掩盖商品的真实关税状况,本书采用简单平均法对关税数据进行整合,来代表该行业(国家)的平均关税水平。② 但在整个研究中并未忽略进口产品贸易量的影响。

---

① 约束性关税(Bound Tariff)是 WTO 规定的关税税率的一种。一般指 WTO 成员国内经过 WTO 谈判确立的关税税率,即作出关税减让的成员可以征收的关税上限。通常来说,对发达国家而言,约束性关税一般与实际征收的关税相同;而对大多数发展中国家而言,实际征收的关税则要低于约束性关税,即发展中国家一般将约束性关税作为一国所征收的关税税率上限。因此,如果一国实际征收的关税不超过约束性关税,则不视为违反约束关税义务。若某一 WTO 成员把关税税率提高到约束水平以上,参照 WTO 的相关规定,受影响的出口国有权对进口国的等值出口产品采取报复性措施或者要求并接受赔偿。

② 原因在于,进口关税越高的商品,进口量可能越低,当某类商品的关税水平高达一定程度时,商品的进口量将会处于一个极低的水平,此时如果采用贸易加权平均法,计算所得的权重将趋近于零。因此加权平均关税会在很大程度上掩盖该商品的真实关税水平,从而使得对关税结构的研究产生较大的偏误。然而,考虑到研究的实际及政策意义,本书也从贸易量的角度入手,对关税结构做了进一步的刻画。另外,如无特殊说明,全书所提关税均指平均关税。

第1章

中国关税结构特征及演变趋势

1.1 整体层面特征

安德森(Anderson,2007)的研究表明,一国关税均值和方差的变化可以较为充分地刻画该国关税结构变化及该变化对本国福利水平的影响。该部分便主要从我国关税均值、方差及高峰的角度,来对我国整体关税水平进行刻画和研究。

1.1.1 关税均值

图1-1描绘的是2000—2014年中国HS2分位行业层面上关税均值随时间变化的趋势图。由图可得,随着时间的推进,我国进口关税均值呈现大幅下

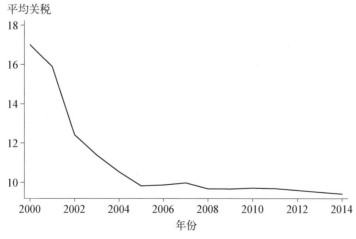

图1-1 中国关税均值随时间变化图(2000—2014年)

降的态势,尤其是2000—2004年,我国的关税水平几乎呈直线下降态势;而自2004年至今,尽管我国的关税水平仍然呈现下降趋势,但下降幅度明显放缓。这一方面说明,同时期我国关税结构已不单是关税整体水平的降低,行业(产品)层面的调整相对占据主导地位。另一方面也表明,新时期背景下,亟须探讨新的更为有效的关税结构调整措施,以更好促进我国贸易及产业政策目标的实现。

1.1.2 关税方差

表1-1描绘的是样本研究期间我国关税的方差变化,2000—2014年,我国HS2分位层面的关税方差从8.77降到了4.47,下降近一半。2005年之后,尽管我国关税方差依然在下降,但下降幅度逐渐变缓,且值基本维持在4~5的范围。也就是说,在样本研究期内,随着时间的推进,我国关税结构的集中趋势逐步明显,关税结构的波动性逐渐减小,整体结构日趋稳定。综合而言,与中国甫一加入WTO时期相比,入世14年后,我国关税分布已经发生了较大的偏移和改变,并且自2004年之后,无论是从关税整体水平还是从关税结构的变化偏移程度来看,我国基本形成了较为稳定的关税结构。

表1-1 1992—2014年中国关税方差变化

年 份	2000	2001	2002	2003	2004	2005	2006
方 差	8.77	8.21	6.42	5.68	5.11	4.47	4.73
年 份	2007	2008	2009	2010	2011	2014	
方 差	4.76	4.80	4.81	4.78	4.78	4.47	

1.1.3 关税高峰

根据WTO术语解释目录(WTO Glossary Terms)的定义,关税高峰

(Tariff Peaks)指的是在整体较低的关税水平上,个别种类的产品表现出高关税的状况。①

根据该定义,笔者测绘了2000—2014年历年中国关税高峰情况,如表1-2所示。表中,列2(HS2位码)表示的是当年最高关税行业对应的HS2位编码,列3(最高关税)代表最高关税行业征收的进口关税值,列4(数量)反映的是该年关税高峰行业数量,列5(占比)则刻画的是关税高峰行业数量在当年总进口行业数目中的占比份额。

表1-2 中国关税高峰情况(2000—2014)

年 份	HS2位码	最高关税(%)	数 量	占比(%)
2000	22	56.79	35	36.46
2001	10	54.34	34	35.42
2002	24	39.33	35	36.46
2003	24	34.44	32	33.33
2004	10	32.03	30	31.25
2005	24	30.67	31	32.29
2006	10	30.47	32	33.33
2007	24	30.67	31	32.29
2008	24	30.67	29	30.21
2009	24	30.67	29	30.21
2010	24	30.67	29	30.21
2011	24	30.67	29	30.21
2014	24	29.72	29	30.21

通过对表1-2的分析发现,从关税高峰行业数量来看,2000—2014年,我国HS2分位行业层面上的关税高峰行业数量从35个降到29个,随时间推进

---

① 对于工业化国家来说,15%及以上的关税水平便可称为关税高峰,为了方便国际比较,此处我们采用同样的标准来定义关税高峰。

表现出明显下降的态势;同时,历年最高关税值也出现了明显大幅度的下降。但截至2014年,我国HS2章目进口产品中,仍有近30%的行业属于关税高峰行业,被征收较高的进口关税。

从最高关税行业类别来看,最高关税产品所属行业基本没有发生太大的变化,主要集中在10、22和24这三个行业上,分别为谷物(10),饮料、酒及醋(22)和烟草、烟草及烟草代用品的制品(24)。也就是说,我国在这三类行业上可能存在一定程度的进口限制。

表1-3 2014年中国关税高峰行业情况

HS2位码	起始年份	HS2位码	起始年份	HS2位码	起始年份
2	2000	21	2000	65	2000
4	2000	22	2000	67	2000
8	2000	24	2000	68	2005
9	2005	42	2000	70	2004
10	2000	43	2000	87	2000
11	2000	57	2000	91	2002
15	2000	61	2000	92	2000
17	2000	62	2000	93	2005
19	2000	63	2000	96	2000
20	2000	64	2000		

备注:2000—2014年完整表格见书末附表2。

表1-3进一步汇报了2014年中国所有关税高峰行业对应的HS2章目编码。在该表中,起始年份表示2000—2014年间,该行业首次出现在关税高峰行业行列的年份。例如,第2章目行业对应的起始年份为2000,即表明在样本研究期内,该行业2000年便首次进入关税高峰行业行列,成为关税高峰行业的一员。根据表1-3可得,2014年29个关税高峰行业中,有24个行业从2000年开始便一直处于我国关税高峰行业,而最晚的也从2005年开始即成

为了关税高峰行业的一员。值得注意的是,这些行业大部分从起始年份进入关税高峰行业后,便基本位列关税高峰行业。① 也就是说,从行业类别来看,我国的关税高峰产品种类变化很小,具有较强的稳定性。而从具体行业大类来看,我国历年关税高峰大都集中在以下几类:活动物、动物产品(2/5),植物产品(4/8),动植物油脂及其分解产品(1/1),食品、饮料、烟草及其代用品制品(6/9),生皮、皮革、毛皮及其制品(2/3),纺织制品(4/8),鞋帽伞等制品及零件(3/4),以及石料、石膏、水泥、玻璃等类似材料及制品(2/3)等。② 这些行业主要集中在总 22 类行业大类中的前 13 类行业,并且主要以 1~4 类、8 类、11~12 类为主,同时新增行业也大部分属于 1~4 类行业大类。

表 1-4 2014 年中国关税高峰行业进口情况

HS2 位码	占比	排名	HS2 位码	占比	排名
93	0.001%	2	64	0.114%	43
65	0.003%	4	43	0.116%	44
57	0.013%	10	17	0.122%	46
67	0.016%	12	91	0.140%	49
92	0.023%	14	19	0.168%	51
9	0.023%	16	62	0.199%	55
63	0.028%	20	22	0.204%	57
20	0.046%	22	8	0.309%	66
96	0.052%	26	10	0.338%	67
24	0.071%	29	2	0.371%	69
42	0.075%	31	4	0.388%	70
11	0.078%	33	70	0.402%	71

① 见书末附表 2。
② 括号内的数字含义解释如下:后面的数字表示该行业大类所包含的行业总数,前面的数字表示在该大类行业中,属于关税高峰行业的个数。

(续表)

HS2 位码	占比	排名	HS2 位码	占比	排名
21	0.093%	36	15	0.523%	75
68	0.095%	37	12	2.624%	86
61	0.103%	40	87	5.608%	92

备注：2000—2014年完整表格见书末附表2。

通常认为，高关税会阻碍相关产品的进口，进而形成贸易壁垒。以2014年为例，通过对关税高峰行业的进口贸易份额进行测绘（如表1-4所示），不难发现，这一情况在中国数据中也得到了佐证。表1-4汇报的便是2014年我国29个关税高峰行业的进口情况。其中，占比一栏指的是关税高峰行业进口额占当年总进口额的百分比；排名一栏则是计算当年所有行业进口占比后，按从低到高排序后对应的排名。由该表可知，将近2/3的关税高峰行业进口占比都较低。且关税高峰行业进口总额仅占当年进口总额的12.35%，即占总分类1/3的关税高峰行业进口占比仅近10%。① 这进一步说明，我国确实在这些行业的进口上存在很大程度的进口限制。②

小结

通过前述研究，大致可以得出2000—2014年我国进口关税结构的三点主要变化特征：

（1）整体关税水平随时间的推进，呈现大幅度下降的趋势；
（2）整体关税结构趋向集中化，基本的关税结构已经形成，且较为稳定；

---

① 第87类行业进口占比排名为第92位，去除87类行业，占总分类1/3的关税高峰行业进口占比仅为近6%。
② 对2000—2014年我国历年关税高峰行业进口份额的测绘结果也基本支撑了这一发现。

(3) 尽管我国整体关税已经处于较低的水平,但从关税高峰来看,我国关税高峰数量仍然较多,且存在较大程度的进口限制现象。

1.2 行业层面特征

上一节主要从中国关税的总体结构入手,但在 2005 年之后,中国关税水平和整体结构基本没有出现太大的变化,因此有必要从具体行业层面探讨中国关税结构呈现的具体特征。本节便重点从进口产品及其自身特性的角度入手,进一步刻画行业层面上我国关税结构的发展和演变特征,主要选取了联合国广泛经济分类指标与进口产品替代弹性两个指标,分别从进口产品的用途与进口产品对国内同类产品需求的冲击程度两个方面对我国行业层面上关税结构的特征做了进一步的研究。

1.2.1 进口产品用途

按照联合国广泛经济类别(Broad Economic Categories,以下简称 BEC 分类标准)分类,一国贸易产品可以分为资本品、中间产品和消费品三类,其中资本品和中间产品一般被用作进口国生产过程的中间投入,而消费品则一般用于国内最终消费。不同用途的商品,关税的大小一般不同;而不同用途的进口产品关税及进口量大小,基本可以反映该国进口关税的具体结构,以及阶梯形关税结构的相应程度。

图 1-2 表示按照 BEC 分类标准对 2000—2014 年我国各类进口商品分类后,所测绘的各类商品关税变化折线图。由图 1-2 可知,与我国整体关税水平的时间变化趋势类似,随着时间的推进,三类产品的平均关税水平均呈现大幅度下降的态势。同其他两类产品相比,消费品关税始终处于较高的水平,中间产品和资本品的关税水平则较低,且二者关税水平也较为接近。换

句话说,整体看来,当前我国的关税结构具有较为明显的阶梯形关税结构特征,即进口产品中,制成品税率要显著高于中间投入品和初级品的税率。

进一步对历年各类产品的进口份额进行测绘,如图1-3所示。结合图1-2的相关研究,尽管我国消费品的平均关税水平始终高于中间投入品的关税水

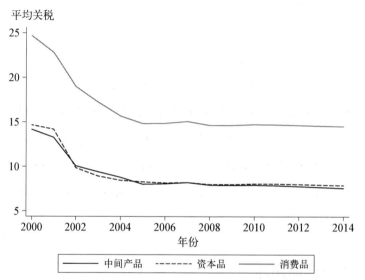

图 1-2　2000—2014 年中国三类进口产品平均关税变化

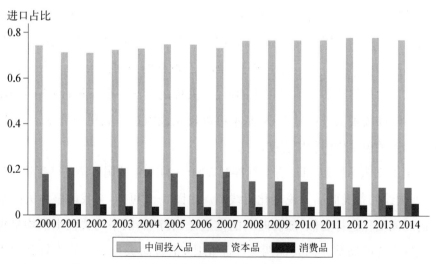

图 1-3　2000—2014 年中国三类产品进口总量占比变化

20

平,但中间投入品的进口份额一直最高。平均而言,从进口结构来看,我国进口产品中,70%以上为中间产品,资本品进口份额约为20%,消费品进口份额则不足10%。如果将资本品也视作中间投入品的一种,我国进口中间投入品占比则高达90%以上。也就是说,我国进口产品中,中间产品占绝大多数,且显著高于消费品占比。

1.2.2 进口产品替代弹性

图1-4测绘的是HS2分位层面上,进口产品替代弹性与关税水平的相关关系。相对而言,进口产品的替代弹性越大,我国对该产品所征收的进口关税也越大,二者呈现较为显著的正相关关系。

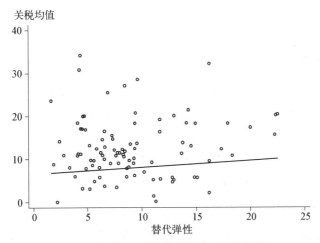

图1-4 替代弹性及关税均值关系(中国)

进一步按照历年进口商品替代弹性值的大小,将产品划分为高、低替代弹性两类产品,并测度两类产品各自关税均值随时间变化如图1-5所示。①

---

① 具体而言,将历年所有产品按照替代弹性大小由高到低排序,并测绘替代弹性中位数值,高于中位数的产品我们将其视为较高替代弹性产品,反之为较低替代弹性产品。

图中,实线代表的是较高替代弹性(高于中位数)的产品,虚线代表的是较低替代弹性(低于中位数)的产品。根据图示可得,我国高、低替代弹性两类产品的关税均值均呈现随时间的推进而下降的态势,并且,较高替代弹性产品的关税水平均始终大于较低替代弹性产品的关税水平。

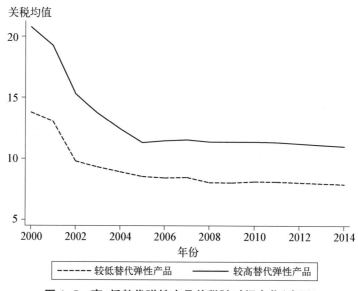

图 1-5 高、低替代弹性产品关税随时间变化(中国)

为什么我国较高替代弹性产品的关税更大而较低替代弹性产品的关税却较小呢?究其原因,可能有以下两点:第一,由于替代弹性较高的商品更容易被国外商品所替代,而同等幅度下关税的调整更易产生对国内同类产品需求的冲击,因此进口国一般倾向于在较高替代弹性进口产品上制定较高的关税;第二,较高替代弹性产品的国内生产商更愿意采取各种方式对政府进行游说,以提高此类进口产品的关税,提升国内同类产品在国内市场的竞争力。因此综合来看,较高替代弹性的商品关税较高,较低替代弹性商品的关税则较低。

接下来,通过对历年高、低替代弹性两类产品的进口关税方差变化情况进行测绘(见表 1-5)可以发现,与我国整体关税水平变化趋势相一致,随着时间的推进,高、低替代弹性两类产品的关税方差都在下降,但整体而言,较高替代弹性产品的关税方差下降幅度更大,而较低替代弹性产品的方差下降幅度则较小;并且,较低替代弹性产品的关税变化方差一直小于较高替代弹性产品的关税变化方差。这表明,从进口替代弹性来看,我国进口高、低替代弹性两类产品的关税结构都趋向集中,但相对来说,低替代弹性产品的关税分布更为集中且更加稳定,而高替代弹性产品的关税分布则较为分散。

表 1-5　2000—2014 年高、低替代弹性产品进口方差变化(中国)

年 份	2000	2001	2002	2003	2004	2005	2006
低替代弹性	7.50	7.23	6.09	6.23	6.10	5.63	5.74
高替代弹性	14.88	14.16	10.01	9.10	8.76	7.36	8.31
年 份	2007	2008	2009	2010	2011	2014	
低替代弹性	5.53	5.23	5.24	5.35	5.34	5.10	
高替代弹性	8.35	8.33	8.30	8.29	8.30	7.27	

小结

综合而言,从行业层面特征来看:(1)当前我国呈现较为明显的阶梯形关税结构特征,进口产品中,制成品税率要显著高于中间投入品和初级品的税率;(2)我国进口产品中,中间产品占绝大多数,消费品的进口份额则较小;(3)我国进口产品的替代弹性越大,对该产品所征收的进口关税也越大,二者呈现较为显著的正相关关系,同时较高替代弹性产品的关税水平均始终大于较低替代弹性产品的关税水平;(4)随着时间的推进,我国进口高、低替代弹性两类产品的关税结构均趋向集中,并且低替代弹性产品的关税分布更为集中且更加稳定,而高替代弹性产品的关税分布则较为分散。

1.3 关税变迁特征

本节主要从我国关税变迁的角度,重点考察 HS2 分位行业层面上历年最低及最高关税产品的特征。具体而言,最低(高)关税产品的选取方式如下:首先将历年 HS6 位层面的关税在 HS2 位层面上取均值,之后按照关税均值从低到高进行排列,然后分别取排名前(后)10 位的产品,作为最低(高)关税产品,并记录其对应的 HS2 分位行业代码。由于个别年份存在部分产品关税值相等的情况,因此个别年份的产品种类要多于 10 位。[①]

1.3.1 最低关税产品

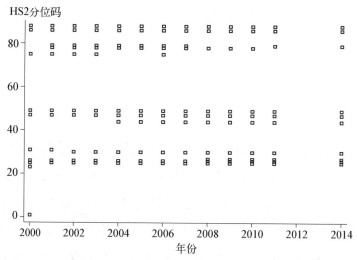

图 1-6 中国 2000—2014 年间最低关税产品种类变化

---

① 由于中国部分年份的关税数据缺失,因此个别年份的 HS2 分位码并不完整(具体体现为 2012 年及 2013 年)。

图 1-6 反映的是 2000—2014 年，中国历年最低关税产品的种类变化，其中横轴代表年份，纵轴代表产品对应的 HS2 分位行业代码。每一个 HS2 位码在纵轴上的位置都是固定的，因此图中方块位置的变化反映的便是 HS2 分位产品种类随时间的演变。由图 1-6 可得：2000—2014 年，我国排名前 10 的最低关税产品种类变化较小，总体呈现较为稳定的态势，而且这些产品大部分在较为固定的 HS2 分位编码范围内进行微小的变化和调整，这说明我国进口最低关税产品所属的行业大类较为固定，没有发生较大的变化。2000 年和 2014 年最低关税产品 HS2 分位行业代码及相应的产品特征如表 1-6 所示。

表 1-6 2000 年和 2014 年中国排名前 10 的低关税产品特征表

年 份	HS2 位码	关税均值（%）	BEC 分类	替代弹性分类
2000	1	5.54	中间产品	高替代弹性
2000	23	5.98	中间产品	高替代弹性
2000	25	4.30	中间产品	低替代弹性
2000	26	1.85	中间产品	高替代弹性
2000	31	5.00	中间产品	低替代弹性
2000	47	1.00	中间产品	高替代弹性
2000	49	5.25	消费品	低替代弹性
2000	75	6.22	中间产品	高替代弹性
2000	86	5.42	中间产品	低替代弹性
2000	88	3.47	中间产品	高替代弹性
2014	25	2.67	中间产品	低替代弹性
2014	26	1.08	中间产品	高替代弹性
2014	27	3.89	中间产品	高替代弹性
2014	30	4.21	消费品	高替代弹性

(续表)

年　份	HS2 位码	关税均值(%)	BEC 分类	替代弹性分类
2014	44	3.89	中间产品	高替代弹性
2014	47	0.00	中间产品	高替代弹性
2014	49	2.59	消费品	低替代弹性
2014	79	3.78	中间产品	高替代弹性
2014	86	3.94	中间产品	低替代弹性
2014	88	2.07	中间产品	高替代弹性

备注：列 2 中加框的数字表示 2000 年和 2014 年共有的产品。①

表 1-6 中，列 2 中的数字代表产品 HS2 位行业代码，其中加框的数字代表的是 2000 年和 2014 年共有的产品，不难发现，2000 年和 2014 年共有的最低关税产品有 6 类，即单从产品种类来看，我国进口的最低关税产品种类变化不大，具有一定程度的稳定性。但是从产品关税值来看，即便是同一产品，关税值仍然呈现明显下降的态势，例如，第 47 章目产品，2000 年的平均关税值为 1%，已经处于较低水平，2014 年其关税水平则直降为零。

从行业层面具体特征来看，整体上我国进口最低关税产品也并未表现出明显的变迁特征。2000 年我国进口最低关税产品中多为中间产品及高替代弹性产品，2014 年进口的最低关税产品中，中间产品与较高替代弹性产品仍然占据较大比例。

为了避免 2000 年或 2014 年中，个别年份的特殊效应对上述研究结论的

---

① 由于 BEC 分类指标可细化到 HS6 层面，因此，对表 1-6 中 HS2 层面的 BEC 分类指标，我们做了如下处理：首先将资本品也纳入中间产品行列，即将所有进口产品分为中间产品和消费品两类，之后计算我国历年进口产品中，同一 HS2 层面下 HS6 子目分类中中间产品和消费品个数占比，如果中间产品个数占比大于 50%，则将此 HS2 分位行业视为中间产品，反之将其归为消费品。

普遍性和一般性产生影响,我们对2000—2014年历年排名前10的最低关税产品的HS2位行业代码及产品特征都进行了列示,具体结果见书后附表3。通过对附表的分析发现,2000—2014年间我国进口的低关税产品确实存在上述特征。同时,新增产品中大多为低替代弹性产品和消费品。

1.3.2 最高关税产品

同最低关税产品的研究类似,图1-7反映的是中国2000—2014年间,历年排名前十位的最高关税产品所属行业种类变化图。由图可得,相较最低关税产品,与2000年相比,2014年我国排名前十位的最高关税产品种类发生了较大变化,且随着时间的推进,呈现出每隔一段时期,个别产品种类便会发生相应调整的现象。整体而言,尽管和2000年相比,2014年我国的关税产品种类发生了一定程度的变迁,但是从变化趋势来看,在小范围时间内,我国最高关税产品仍然具有较大的稳定性。

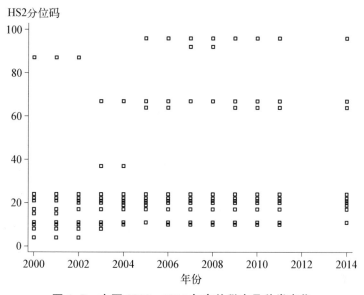

图1-7 中国2000—2014年高关税产品种类变化

进一步观测最高关税产品特征变化情况,如表1-7所示。表1-7列示了历年排名前十的最高关税产品的HS2分位行业代码、关税均值、产品BEC分类及产品进口替代弹性等指标,为了便于观测说明,表1-7仅列示了2000年和2014年两年的情况(完整表格见书末附表4)。

与之类似,表1-7中,列2加框的数字代表2000年和2014年最高关税产品中共有的产品种类。由表中结果可得,有5类产品是两年共有的,分别是第11位、17位、21位、22位、24位产品,并且5类产品的关税都经历了大幅度的减免,减免幅度最大的第22位产品,其关税从2000年的56.79%下降到2014年的21.05%,降幅达62.95%。关税降幅度最少的第21位产品,其进口关税也下降近一半。

表1-7 2000年和2014年中国排名前10的高关税产品特征

年 份	HS2 位码	关税均值(%)	BEC 分类	替代弹性分类
2000	4	36.77	消费品	高替代弹性
2000	8	30.09	消费品	高替代弹性
2000	10	54.38	中间产品	低替代弹性
2000	11	44.53	中间产品	低替代弹性
2000	15	40.52	中间产品	高替代弹性
2000	17	42.88	中间产品	高替代弹性
2000	21	39.77	消费品	低替代弹性
2000	22	56.79	消费品	高替代弹性
2000	24	56.67	消费品	高替代弹性
2000	87	35.00	中间产品	高替代弹性
2014	11	21.38	中间产品	低替代弹性
2014	17	23.00	中间产品	高替代弹性
2014	19	18.82	消费品	高替代弹性

(续表)

年　份	HS2 位码	关税均值(%)	BEC 分类	替代弹性分类
2014	20	19.59	消费品	高替代弹性
2014	21	21.48	消费品	低替代弹性
2014	22	21.05	消费品	高替代弹性
2014	24	29.72	消费品	高替代弹性
2014	64	19.32	消费品	高替代弹性
2014	67	21.45	中间产品	低替代弹性
2014	96	19.34	消费品	低替代弹性

备注：表中列 2 加框的数字表示 2000 年和 2014 年共有的产品。

从行业层面特征来考虑，与 2000 年相比，2014 年我国最高关税产品出现了较为显著的变迁性特征：2000 年我国排名前 10 的高关税产品大部分是高替代弹性产品，中间产品与消费品占比则基本相当。而 2014 年排名前十的最高关税产品中，消费品则占大多数，且低替代弹性产品的占比也出现了轻微的提升。换言之，与 2000 年相比，我国最高关税产品中消费品和低替代弹性产品都出现不同程度的增加。

从具体产品的种类来看，2014 年最高关税产品新增的产品种类大部分为谷物、蔬菜制品以及鞋帽及其零件等产品；而 2000 年退出的产品种类则大多为活动物、动物及植物产品(基本为 HS 前三类章目产品)等。具体来看，退出的最高关税产品种类大部分为农副产品及其加工产品，此类产品对第一产业的依赖性较大，而新增的产品种类则多属于蔬菜、鞋帽等制造及加工行业，多倾向于对第二产业的依赖。这说明，从最高关税产品变迁来看，我国对服装加工等传统具有比较优势产业仍具有一定程度保护。①

---

① 对 2000—2014 年历年最高关税产品变迁特征的研究也支撑了这一发现(详见书末附表 4)。

1.3.3 高低关税产品比较

进一步将最高、最低关税两类产品的种类变化图进行叠加对比后得图 1-8,图中实心方块代表的是最高关税产品,空心方块则代表的是最低关税产品。与最低关税产品相比,我国历年最高关税产品的种类变化较大,即我国最高关税产品的关税结构稳定性较差。同时,最高关税和最低关税两类产品所属行业的重复性并不大,两类产品均具有十分明显的产品种类分布区域。例如,最低关税产品主要集中分布在第 25~35 类、45~55 类以及 70~90 类行业,而最高关税产品则主要分布在第 0~25 类、55~70 类以及 90~100 类行业。二者在较低 HS2 行业分类上有一定程度的重合性与相似性,但随着行业分位码的提高,二者所属行业的重合度便逐渐降低,尤其在较高行业分位码上,诸如 HS2 分位章目中,第 18 章目以上的产品基本为最高关税产品。

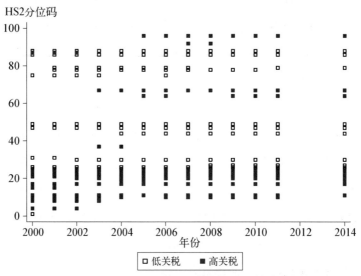

图 1-8 中国 2000—2014 年高/低关税产品种类变化叠加

结合书末附表 1"HS2 分位章目商品名称及编码对照"可知,最低关税产品中,第 25~35 类产品主要为矿产品、化学工业及化工产品,这类产品大部分用于中间产品生产及投入,而最高关税产品中,第0～25类产品则多为动、植物产品,以及食品、烟酒、饮料等,这类产品大部分属于农、副产品及其加工产品。上述两类产品大都属于初级产品,却分属最高、最低关税两类产品中。这说明,即使对同一类型中的不同产品,其进口关税也具有较大的差异性,具体表现为:初级产品中,矿产品进口关税较低,而农产品、经济作物的进口关税较高。

对其他产品类群进行研究后发现,45～55类产品多为木浆、蚕丝等纺织原料,而55～70类产品则为纺织制品、石膏水泥陶瓷制品等产品,相对而言,这类产品的加工程度更为深化,我国对其征收的进口关税也较高;70～90类产品很大一部分为机器、机械零件及其设备以及车辆、航空、船舶运输器等有关运输的设备及零件,90类以上的产品则大部分为精密仪器设备及零件,以及武器、弹药及其附件和艺术品、收藏品等,尽管两类产品都具有较大的加工程度,但对后者所征收的关税水平更高。结合前文对行业层面特征的有关探讨,尽管我国当前阶梯形关税结构较为明显,但对类似加工程度的产品,所征收的进口关税高低差异程度依然较大。

小结

综合前述研究,可得下述几点主要发现。

(1) 从整体层面来看,我国进口产品及关税结构具有如下特征。

① 我国整体关税水平随时间的推进呈现大幅下降的趋势,并且整体关税结构趋向集中,基本的关税结构已经形成,且较为稳定。

② 尽管我国整体关税处于较低的水平,但从关税高峰来看,我国关税高峰数量仍然较多,且存在较大程度的进口限制现象。

③ 总体而言,我国关税高峰产品的种类较为固定,主要集中在活动物、动物产品,植物产品,动植物油脂及其分解产品,食品、饮料、烟草及其代用品制

品,生皮、皮革、毛皮及其制品,纺织制品,鞋帽伞等制品及零件,以及石料、石膏、水泥、玻璃等类似材料及制品等产品种类,这些产品主要集中在HS总22类目产品中的前14类目产品,并且主要以1~4类、8类、11~12类产品为主。

(2) 从行业层面来看,我国进口产品及关税结构具有如下特征。

① 当前我国基本形成了较为明显的阶梯形关税结构,即进口产品中,制成品税率要显著高于中间投入品和初级品的税率;进口产品的加工程度越大,关税值也越大。

② 我国进口产品中,中间产品占绝大多数,消费品的进口份额较小。我国进口产品的替代弹性越大,对该产品所征收的进口关税也相对越大,二者呈现较为显著的正相关关系;同时,较高替代弹性产品的关税水平始终大于较低替代弹性产品的关税水平。

③ 从关税分布结构来看,我国不同产品特征的关税分布状况各有差异。随着时间的推进,我国进口高、低替代弹性两类产品的关税结构均趋向集中,但低替代弹性产品的关税较小,且分布更为集中、更加稳定,高替代弹性产品的关税较高,关税分布也更为分散。

(3) 从关税变迁层面来看,我国最低(高)产品关税结构具有如下特征。

① 从产品变迁特征来看,除替代弹性外,我国最低关税产品并没有表现出显著的变迁性,最高关税产品则表现出一定的变迁性。从最高关税产品变迁来看,我国在服装加工等方面具有较大的竞争力,对比较优势产业的保护力度仍较大。

② 从产品结构稳定性来看,整体而言,与最低关税产品相比,最高关税产品的关税结构稳定性较差,但在一定时段内,依然表现出较好的稳定性。

③ 尽管我国当前阶梯形关税结构较为明显,但在类似加工程度的产品中关税水平的高低差异依然很大,且同一类型下不同种产品间的关税差异仍较为明显。具体表现为,在进口的初级产品中,矿产品的进口关税较低,而农产品、经济作物的进口关税较高。

第2章

美国关税结构特征、演变趋势及中美对比

本章分析美国关税结构特征及演变趋势，主要从整体层面、行业层面及关税变迁三个层面着手进行研究。同时，结合第一章有关中国关税结构特征的系列分析，本章末就中美两国关税结构特征的差异对比做了梳理总结。

2.1 整体层面特征

2.1.1 关税均值

表 2-1 列示的是 2000—2014 年 HS2 分位行业层面上美国最惠国关税均值及方差变化情况。从关税均值来看，2000—2014 年，美国平均关税均值已处于较低水平，但大体仍然呈现下降趋势；关税方差值基本未发生较大变化，相较 2000 年，呈现轻微上升趋势。与第一章中国关税结构的有关情况相对比，美国关税方差值明显更大。

表 2-1　2000—2014 年美国关税均值及方差变化情况

年　份	2000	2001	2002	2003	2004	2005	2006	2007
关税均值（％）	4.19	4.11	4.07	3.98	3.91	3.91	3.91	3.80
关税方差	9.09	9.07	9.13	9.11	9.10	9.10	9.10	9.42
年　份	2008	2009	2010	2011	2012	2013	2014	
关税均值（％）	3.99	3.98	3.99	3.79	3.78	3.77	3.77	
关税方差	9.35	9.35	9.35	9.37	9.39	9.39	9.39	

综合而言,样本研究期内,中国关税结构经历了从分散到集中的过程,而美国关税结构则整体比较稳定,呈现集中向轻微分散演变的态势。与中国相比,美国关税结构的分散程度较大,但也更为稳定。

2.1.2 关税高峰

表 2-2 刻画的是美国 2000—2014 年关税高峰情况。从关税高峰部门数量上看,2000—2014 年,随着时间的推进,美国关税高峰部门表现出极强的稳定性。关税高峰部门数量基本没有发生太大的改变,大体数目维持在固定的水平,其占比一直在 16% 左右。从最高关税产品的关税水平及所属行业类别来看,其稳定性依然极强。2000—2014 年,美国关税高峰产品基本集中于 HS2 类目中第 24 章目产品(烟草、烟草及烟草代用品的制品),且最高关税水平也几乎未发生改变。

表 2-2 2000—2014 年美国关税高峰情况

年 份	HS2 位码	最高关税(%)	数 量	占比(%)
2000	24	204.17	15	15.63
2001	24	204.17	16	16.67
2002	24	204.17	15	15.63
2003	24	204.17	15	15.63
2004	24	204.17	16	16.67
2005	24	204.17	16	16.67
2006	24	204.17	16	16.67
2007	24	204.98	16	16.67
2008	24	204.17	15	15.63
2009	24	204.17	15	15.63

(续表)

年 份	HS2 位码	最高关税(%)	数 量	占比(%)
2010	24	204.17	15	15.63
2011	24	204.17	16	16.67
2012	24	204.17	16	16.67
2013	24	204.17	16	16.67
2014	24	204.17	16	16.67

以2014年为例,进一步刻画美国关税高峰产品所属行业类别情况及进口情况,如表2-3和表2-4所示。①

表2-3 2014年美国关税高峰行业情况

年 份	HS2 位码	起始年份	年 份	HS2 位码	起始年份
2014	4	2000	2014	54	2000
2014	7	2000	2014	55	2000
2014	12	2000	2014	58	2000
2014	20	2000	2014	60	2000
2014	24	2000	2014	61	2000
2014	42	2000	2014	62	2000
2014	51	2001	2014	63	2000
2014	52	2000	2014	64	2000

备注:2000—2014年完整表格见书末附表2。

根据表2-3可知,就关税高峰行业数量来看,2014年美国15个关税高峰行业的产品类别分布主要集中在第十一类目(纺织原料及纺织品)产品

---

① 对2000—2014年历年关税高峰部门类别情况进行刻画和分析后所得结论仍基本一致。

上,其他产品则零星分布在第一、二、四类目产品中,所属行业整体较为集中。与以前年份相比(见书末附表2),美国的关税高峰产品种类变化较小,并且大部分新增及退出产品同属以前产品大类。也就是说,整体而言,无论是新增产品种类,还是退出产品种类,美国关税高峰产品种类都具有较大的稳定性。起始年份表示2000—2014年该行业首次出现在关税高峰行业行列的年份。例如,第4类目行业对应的起始年份为2000,即表示该行业在2000年起便成为关税高峰行业的一员。2014年美国16个关税高峰行业基本从2000年起便位列关税高峰行业,并且这些行业基本集中在第十一类目纺织原料及纺织制品行业。

表2-4列示了2014年美国关税高峰行业进口情况,包括关税高峰行业HS2类目编码、进口占比以及进口排名等。

表2-4　2014年美国关税高峰行业进口情况

HS2位码	进口占比	排名	HS2位码	进口占比	排名
51	0.01%	5	12	0.16%	40
58	0.04%	10	20	0.32%	59
60	0.05%	13	7	0.39%	64
52	0.05%	14	42	0.54%	70
55	0.09%	22	63	0.57%	72
24	0.09%	24	64	1.10%	80
54	0.10%	28	62	1.73%	84
4	0.12%	31	61	2.01%	87

备注:2000—2014年完整表格见书末附表2。

进一步观测2014年关税高峰行业的进口情况,可以发现:美国2014年16种关税高峰行业的进口份额仅为7.37%。换句话说,与中国情况类似,2014年美国关税高峰行业存在很大程度的进口限制。

小结

通过前述分析可以发现,美国关税结构总体呈现如下特点。

(1)从关税整体水平来看,美国整体关税已经处于较低的水平,但随着时间的推进,其关税水平仍然呈现明显的下降趋势。

(2)从关税结构稳定性来看,美国整体关税结构已经十分稳定,但其内部分散程度仍然较大——不同产品间的关税水平存在较为明显的差异。

(3)从关税高峰情况来看,样本研究期内,无论是关税高峰产品数目还是产品所属行业基本比较固定,主要集中于纺织原料及纺织制品行业。无论是新增还是退出产品种类,均与以前年份关税高峰产品所属类别相一致。并且,关税高峰产品上存在十分显著的进口限制。

2.2 行业层面特征

本节分别从进口产品用途及进口产品替代弹性两个角度刻画了美国行业层面上关税结构的发展与演变特征,以及中美两国行业层面关于结构特征的异同。

2.2.1 进口产品用途

图 2-1 刻画的是按照 BEC 产品分类标准进行划分后的美国三类产品 2000—2014 年间进口关税变化趋势。由图 2-1 可知,从进口产品用途来看,美国关税结构表现出十分明显的阶梯形关税结构特征,即美国进口产品中,消费品进口关税最高,中间产品次之,资本品关税最低:

$$Tariff_{消费品} > Tariff_{中间产品} > Tariff_{资本品}$$

换句话说,随产品加工程度的递增,产品的进口关税也在逐渐增大。

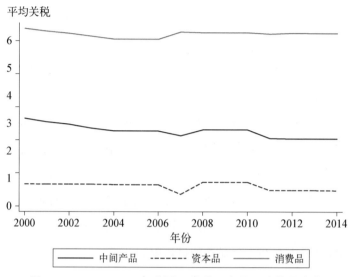

图 2-1 2000—2014 年美国三类进口产品平均关税变化

结合图 1-1 中国三类产品的进口关税水平变化趋势,不难发现,与中国相比,美国三类进口产品的整体关税水平都较低,这与美国较高的开放程度有关。尤其值得注意的是,相对中国而言,美国进口中间投入品(包括中间产品和资本品)的关税水平更低。特别较中间产品而言,美国进口资本品的关税依然处于十分低的水平,而中国这两类进口中间投入品的关税水平则基本类似。①

进一步结合三类进口产品的总量变化特征(如图 2-2 所示),不难发现,与中国三类产品的进口总量占比情况相类似,三类产品中,进口中间产品占比依然最高。中国进口资本品份额要显著大于进口消费品份额,而美国进口消费品与资本品的份额基本类似。总体来说,与中国相比,美国关税结构表

---

① 见本书第一章第二节图 1-2。

现出更加明显的阶梯形关税结构特征,且相对中国而言,其最终产品的进口份额更高。

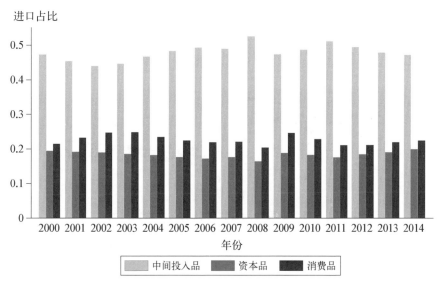

图 2-2 2000—2014 年美国三类产品进口总量占比变化

2.2.2 进口产品替代弹性

从进口产品替代弹性来看(如图 2-3 所示),与中国情况较为类似,美国进口产品关税均值与替代弹性之间也呈现较为明显的正相关关系。相对而言,进口产品的替代弹性越大,对其所征收的进口关税水平也越大。按照产品替代弹性的大小将进口产品分为高、低替代弹性产品两类,分别测绘两类产品的关税均值与方差变化情况(如图 2-4 和表 2-5 所示),可以发现:与中国情况类似,美国较高替代弹性产品的关税均值始终大于较低替代弹性产品的关税均值,二者关税均值变化呈现十分明显的平行变化趋势。

观测两类产品的关税方差变化情况(如表 2-5)可以发现:(1)高、低两类替代弹性两类产品的关税方差随时间的推进均呈现较为稳定的特征;(2)较低替代弹性产品的关税方差远小于高替代弹性产品的关税方差,并且较低替

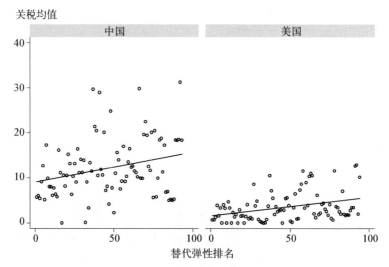

图 2-3　中美两国替代弹性及关税均值关系

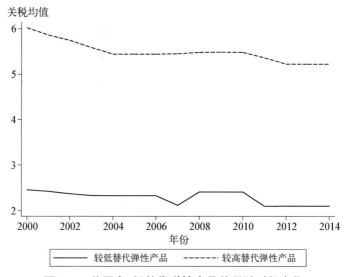

图 2-4　美国高、低替代弹性产品关税随时间变化

代弹性产品的关税方差随时间推进呈轻微下降态势,而较高替代弹性产品的关税方差则随时间推进呈略微上升态势。换句话说,美国较低替代弹性产品内部的各类产品关税值相差较小,而较高替代弹性产品内部的关税值则具有较大的差异。

这说明：(1) 整体而言，美国高、低替代弹性两类产品的关税结构均十分稳定；(2) 低替代弹性产品的关税分布更为集中，而高替代弹性产品的关税分布则较为分散。

上述特征大体与中国不同替代弹性产品内关税结构特征十分类似，但具体来看，两国又存在差异。例如，尽管整体来看，两国较低替代弹性产品的关税结构均更为集中，较高替代弹性产品的关税结构均更为分散。但中国较低替代弹性产品的关税结构较分散，其内部产品的关税值差异较大，而较高替代弹性产品的关税结构却比美国更集中，即美国在较高替代弹性产品内部的关税均值差异更大。

表 2-5　2000—2014 年美国高、低替代弹性产品进口关税及方差情况

	年　份	2000	2001	2002	2003	2004	2005	2006	2007
关税(%)	低替代弹性	2.45	2.42	2.37	2.33	2.33	2.33	2.33	2.11
	高替代弹性	6.02	5.86	5.74	5.58	5.44	5.44	5.44	5.45
方差	低替代弹性	3.34	3.29	3.23	3.18	3.15	3.15	3.15	3.29
	高替代弹性	14.62	14.61	14.44	14.44	14.44	14.44	14.44	14.97
	年　份	2008	2009	2010	2011	2012	2013	2014	
关税(%)	低替代弹性	2.41	2.41	2.41	2.10	2.10	2.10	2.10	
	高替代弹性	5.48	5.48	5.48	5.36	5.23	5.22	5.22	
方差	低替代弹性	3.19	3.19	3.19	3.07	3.09	3.09	3.09	
	高替代弹性	14.68	14.69	14.66	14.68	14.67	14.67	14.68	

2.3　关税变迁特征

本节主要从最高关税和最低关税产品变迁的角度入手，探讨产品层面下，美国关税结构的变迁特征及其与中国关税结构的异同。

2.3.1 最低关税产品

图2-5反映的是2000—2014年美国最低关税产品种类的变化。纵轴表示各产品的HS2分位码,横轴代表年份。最低关税产品的选取方式如下:首先,将产品关税在HS2分位层面取均值;之后,将HS2分位层面的产品关税按照从低到高的顺序排列,历年排名前10位的产品即为历年最低关税产品。图2-5便记录并刻画了HS2分位层面上,美国历年最低关税产品种类随时间变化的趋势。根据图2-5可知,美国历年最低关税产品种类基本没有发生变化,大致集中分布在两个产品域,分别为HS2分位所属代码20～50类及80类以上两块区域。而这两个区域中的产品主要为矿产品、化学工业及其相关工业的产品、木浆及其他纤维状纤维素浆,纸及纸板的废碎品,纸、纸板及其制品等。整体而言,这些产品主要为与相关生产有关的中间投入品。

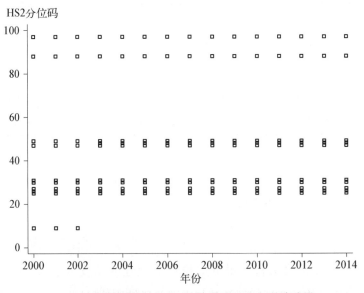

图2-5 美国2000—2014年最低关税产品种类变化

进一步测绘 2000—2014 年美国最低关税产品及其产品特征(见书末附表3),可以说明表 2-6 里 2000 和 2014 年两年的结果。第 2 列中加框的数字代表的是 2000 和 2014 年共有的产品。不难发现,美国 10 类最低关税产品中,2000 与 2014 年共有的产品有 9 类,单从产品种类来看,进口最低关税产品种类基本没有发生变化。尽管个别产品的关税水平有轻微提升(如第 88 类产品平均关税水平从 0.2 提升至 0.21)或下降(如第 49 类产品 2000 年的关税值为0.35,已经处于较低水平,2014 年则下降到了零关税水平),但整体而言,各类产品的关税水平基本没有发生太大变化,具有较强的稳定性。

表 2-6 美国 2000 年和 2014 年排名前 10 的最低关税产品特征情况

年 份	HS2 位码	关税均值	BEC 分类	替代弹性分类
2000	9	0.38	消费品	高替代弹性
2000	25	0.26	中间产品	低替代弹性
2000	26	0.00	中间产品	高替代弹性
2000	27	0.16	中间产品	高替代弹性
2000	30	0.00	消费品	高替代弹性
2000	31	0.00	中间产品	低替代弹性
2000	47	0.00	中间产品	高替代弹性
2000	49	0.35	消费品	低替代弹性
2000	88	0.20	中间产品	高替代弹性
2000	97	0.00	消费品	低替代弹性
2014	25	0.24	中间产品	低替代弹性
2014	26	0.03	中间产品	高替代弹性
2014	27	0.17	中间产品	高替代弹性

(续表)

年 份	HS2 位码	关税均值	BEC 分类	替代弹性分类
2014	30	0.00	消费品	高替代弹性
2014	31	0.00	中间产品	低替代弹性
2014	47	0.00	中间产品	高替代弹性
2014	48	0.08	中间产品	高替代弹性
2014	49	0.00	消费品	低替代弹性
2014	88	0.21	中间产品	高替代弹性
2014	97	0.00	消费品	低替代弹性

从具体产品层面特征来看,美国进口最低关税产品特征并没有出现太大变化。例如,2000年美国最低关税进口产品大多为中间产品及高替代弹性产品,2014年进口最低关税产品仍主要为这些产品,并没有表现出较大的变迁性。对2000—2014年历年排名前10的最低关税产品进行研究后发现,上述特征仍然成立。①

综合前述研究,样本研究期内,(1)美国最低关税产品种类及各产品关税水平均具有较强的稳定性,并且其进口最低关税产品中,大部分为中间产品及高替代弹性产品;(2)整体而言,随时间推进,美国进口最低关税产品并未表现出明显的变迁性特征。

2.3.2 最高关税产品

图2-7刻画的是美国排名前10的最高关税产品随时间的变化,其中纵轴的数字代表的是产品HS2分位码,横轴代表时间。随时间变化,美国最

---

① 完整表格见书末附表3。

高关税产品所属类别也具有极大的稳定性，历年最高关税产品种类基本均未发生改变。并且，这些产品主要集中在0～30类以及50～70类两块HS2分位产品编码区间。从产品种类来看，这些产品主要为纺织原料及纺织制品等。

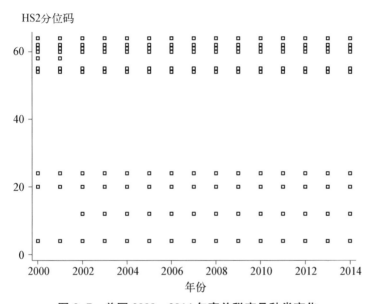

图2-7 美国2000—2014年高关税产品种类变化

进一步测绘历年最高关税产品的各类产品特征，分别列示历年排名前十的最高关税产品HS2分位行业代码、关税均值、所属BEC产品分类及进口替代弹性大小值等指标，得附表4。为便于比较，表2-7仅列示了2000年和2014年两年的情况，第2列加框的数字代表2000年和2014年两年最高关税产品中共有的产品种类。从关税水平的大小值来看，与最低关税产品类似，尽管在样本研究期内，美国最高关税产品的关税均值并未发生太大改变，具有较强的稳定性，但整体而言，还是发生了轻微下降。例如，第55章目产品2000年平均关税值为11.88%，2014年关税值则轻微下降至10.62%；第62章目产品2000年关税水平为10.75%，2014年则下降至10.08%。

表 2-7　2000 年与 2014 年美国排名前 10 的高关税产品 HS2 分位码及产品特征

年　份	HS2 位码(%)	关税均值	BEC 分类	替代弹性分类
2000	4	12.66	消费品	高替代弹性
2000	20	10.64	消费品	高替代弹性
2000	24	204.17	消费品	高替代弹性
2000	54	11.29	中间产品	低替代弹性
2000	55	11.88	中间产品	高替代弹性
2000	58	10.21	中间产品	高替代弹性
2000	60	11.97	中间产品	高替代弹性
2000	61	13.71	消费品	高替代弹性
2000	62	10.75	消费品	高替代弹性
2000	64	12.26	消费品	高替代弹性
2014	4	12.66	消费品	高替代弹性
2014	12	10.55	中间产品	低替代弹性
2014	20	10.79	消费品	高替代弹性
2014	24	204.17	消费品	高替代弹性
2014	54	10.31	中间产品	低替代弹性
2014	55	10.62	中间产品	高替代弹性
2014	60	10.70	中间产品	高替代弹性
2014	61	12.78	消费品	高替代弹性
2014	62	10.08	消费品	高替代弹性
2014	64	10.49	消费品	高替代弹性

从行业层面特征来看,美国最高关税产品特征也具有较大的稳定性:2000年,美国排名前10的最高关税产品多为消费品及高替代弹性产品,2014年,最高关税产品中,消费品和高替代弹性产品仍然占大多数。并且随时间推进,产品特征也具有极强的相似性。

2.3.3 高低关税产品比较

图2-8将美国2000—2014年最高、最低关税产品种类分布图进行叠加对比,空心方块代表的是排名前十的最低关税产品,实心方块代表排名前十的最高关税产品。根据图示可知,无论是最高关税产品还是最低关税产品,两类产品基本均集中在各自固有的产品种类区域,仅在20～30类产品区间内的个别产品存在交叠,且交叠产品多为矿产品、化学产品及其制成品。换句话说,美国最高和最低关税产品的特征均较为稳定,并未在样本研究期内表现

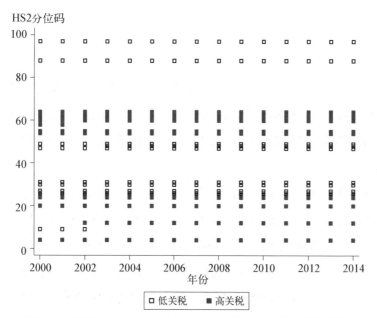

图2-8 美国2000—2014年最高、最低关税产品种类变化叠加

出较强的变迁性。

综合上述研究结果可得:(1)随时间推进,美国最高、最低关税两类产品种类表现出极大的稳定性,最高关税产品主要集中于纺织及纺织品,最低关税产品则主要集中于矿产品、化学工业及其相关工业产品;(2)尽管美国整体关税水平呈现逐步降低的趋势,但对于最高关税产品来说,其关税均值并未发生太大变化;(3)两类进口产品中,均以较高替代弹性产品为主,但最高关税产品中多为消费品,而最低关税产品中则以中间产品为主,这与美国阶梯形关税结构是吻合的。

2.4 中美关税结构特征对比小结

综合本章及第一章的相关分析结果,可以发现,中美两国的关税结构特征具有以下异同。

2.4.1 总体层面

(1)从关税均值来看,两国随时间推进,关税均值都呈现明显的下降趋势;由于美国关税在样本研究伊始便处于较低水平,因此,尽管中国关税水平已经大幅度降低,但与美国相比,其关税水平仍然较高,存在一定程度的可调整空间。

(2)从关税方差来看,样本研究期内,美国历年关税方差变化程度均较小,十分稳定,但其方差值较大,即其内部分散程度仍然较大,不同产品间的关税水平存在较为明显的差异,且随时间变化,在样本研究期内呈现轻微分散的态势。而中国历年关税方差值的变化幅度虽然较大,但随时间推进,在样本研究期内逐渐减小,整体呈现从分散向集中变化的趋势,且 2005 年之后基本变化不大,呈现相对稳定的态势。

(3)从关税高峰来看,两国关税高峰产品种类都表现出较大的稳定性,除个别产品外,各国在关税高峰产品都存在较为普遍的进口限制现象。样本研究期内,中国关税高峰部门数量逐渐减少,而美国关税高峰部门数量基本保持不变;美国关税高峰产品主要集中于纺织原料及纺织制品行业,中国关税高峰产品则分散于谷物,饮料、酒及醋,烟草、烟草及烟草代用品的制品等行业。

总体而言,2004年以来,无论是从关税均值、关税方差还是关税高峰情况来看,两国关税结构均具有较大的稳定性。尤其是,中国关税结构表现出与美国十分相似的特征:关税结构较为稳定,关税高峰产品种类数量维持相对固定的水平,尽管存在一定程度的进口限制,但个别产品的限制并不大。

2.4.2 行业层面

从行业层面特征看来,中美两国的关税结构表现出如下差异性和相似性。

(1)从进口产品用途来看,两国均表现出十分明显的阶梯形关税结构特征:进口消费品关税均显著大于进口中间产品关税。但相对来说,美国阶梯形关税结构特征更为显著,且稳定性也更好。尽管两国的关税结构表现出较为类似的特征,但不同用途产品的进口占比变化却表现出显著差异。具体来看:两国中间产品进口在两国总进口中均占据最高份额,中国中间产品的进口占比更大,其中间产品进口份额高达70%~90%,而美国进口中间产品份额则在60%左右。在资本品和消费品的进口上,美国这两类产品的进口占比相当,且消费品的进口要略高于资本品,而中国对资本品的进口则较多,消费品的进口则较少。

(2)从进口产品替代弹性来看,随着进口产品替代弹性的增加,两国进口产品的关税均值也在逐渐增加,二者呈现较为显著的正向关系。同时随时间推进,两国高、低替代弹性两类产品的关税结构均表现出十分稳定的特征:在两国内部,较低替代弹性产品的关税均值均较小,分布更为集中,而较高替代弹性产品的关税均值则较大,且分布较为分散。与美国相比,中国较低替代弹性产品的关税结构较为分散,其内部产品的关税值差异较大,而较高替代弹性产品的关税结构较美国而言更为集中,即美国在较高替代弹性产品内部的关税均值差异更大。

2.4.3 关税变迁层面

(1) 从最低关税产品来看,两国关税结构均具有较大的稳定性,并且表现出较大的相似性。在样本研究期间(2000—2014年),两国最低关税产品种类基本没有发生太大变化,中间产品与较高替代弹性产品均占据较大的比例;并且最低关税产品的关税水平基本没有发生太大变化,具有较大的稳定性。

具体而言,中国排名前10的最低关税产品主要集中分布于矿产品、化学工业及化工产品,木浆、蚕丝等纺织原料产品,机器、机械零件及其设备,车辆、航空、船舶运输器等有关运输的设备及零件产品等,这些产品大部分为中间投入品。

美国排名前10的最低关税产品则多集中于矿产品、化学工业及其相关工业产品。美国最低关税产品分布更为集中,中国则分散于几类产品上。

(2) 从最高关税产品来看,两国关税结构存在差异性。样本研究期内,中国最高关税产品发生了一定程度的变迁,而美国最高关税产品则表现出较为稳定的特征。具体而言:

从关税均值来看,中国最高关税产品均值呈现大幅下降的态势,而美国最高关税产品均值并未发生较大的改变;

从产品特征来看,与2000年相比,2014年中国进口最高关税产品中,消费品和低替代弹性产品都出现不同程度的增加,而美国进口的最高关税产品一直以消费品与高替代弹性产品为主;

从具体产品种类来看,样本研究期内,中国退出的最高关税产品种类大部分为农副产品及其加工产品,新增的产品种类则多属于蔬菜、鞋帽等制造及加工行业,而美国最高关税产品种类具有极大的稳定性,历年最高关税产品种类基本未发生改变,且主要为纺织原料及纺织制品。

(3) 从高低关税两类产品所属行业种类分布区间来看,两国最高、最低关税两类产品所属行业的重复度均不大,中国主要在较低 HS2 章目行业上有一定程度的重合性与相似度,美国也仅在矿产品、化学产品及其制成品等个别产品上存在交叠。两国各自两类产品均存在十分明显的固有产品种类分布区域。相对而言,中国两类产品的产品种类分布区域的交叠度更大,即对同一类型中的不同产品,其进口关税也具有较大的差异性。例如,初级产品中,矿产品进口关税较低,而农产品、经济作物的进口关税较高。①

---

① 感谢笔者主持的 2016 财政部与高校共建项目"关税结构分析与国际比较研究"对前述章节研究的支持。为便于读者阅读,特在原有研究的基础上进行了修改与删减。

下篇

2018年中美贸易摩擦及其影响分析

本书上篇的内容主要聚焦于中美两国关税结构特征、演变趋势及对比差异。通过上篇的分析可以发现，中美两国都具有十分明显的阶梯形关税结构特征，但在不同用途产品的进口占比变化上则表现出十分显著的差异性。例如，美国进口消费品与资本品占比均在20%左右，而中国进口产品中消费品占比则仅约为3%；同时中国进口中间产品比重较大，以2000—2006年为例，中国中间产品进口占总进口的74%，如若将资本品也纳入中间产品的范畴，则中间产品进口占总进口的比例高达93%，同时期消费品占比则仅为4%。①

中间产品进口份额的这一差异是否会在中美贸易摩擦中产生特别的影响？答案显然是肯定的。近年来，系列有关中间产品贸易自由化的研究（如Amiti and Konings, 2007；Bas, 2012等）表明，中间品贸易在全球贸易中占据十分重要的地位（如Johnson and Noguera, 2012；Koopman et al., 2014等），对企业绩效的影响具有十分显著的作用。② 阿米蒂和科宁斯（Amiti and Konings, 2007）、戈皮纳特和内曼（Gopinath and Neiman, 2014）等人的研究发现，进口更高质量的中间产品有助于提高企业的全要素生产率。③ 阿米蒂和科汉德沃（Amiti and Khandelwal, 2013）、巴斯和斯特劳斯-卡恩（Bas and Strauss-Kahn, 2015）、樊海潮等人（Fan et al., 2015）的研究表明，中间投入品关税的下降有助于促使企业提高其产品质量。高登伯格（Goldberg et al., 2010）、冯等人（Feng et al., 2012）和樊海潮等人（Fan et al., 2017）的研究则显示，中间品贸易自由化对提高企业出口绩效、扩大企业出口产品范围及多产品企业的成本加成调整等方面起着较大的作用。这些研究均从不同的角

---

① 樊海潮等人（Fan et al., 2017）的研究结果也进一步佐证了这一点。此外，两国在中间产品及消费品进口关税水平上也呈现较为显著的差异性：美国进口消费品关税要显著大于中间投入品和资本品的进口关税，且中间投入品进口关税也要大于进口资本品关税；而中国进口资本品与中间投入品关税则基本接近。

② 又如，余淼杰（Yu, 2015）和哈尔彭等人（Halpern et al., 2015）的研究表明，中间品关税下降有助于降低企业生产成本，进而提高企业的出口绩效和出口产品溢价。

③ 其他一些研究（Feenstra et al., 1992；Kasahara and Rodrigues, 2008；Halpern et al., 2015；余淼杰等, 2010）也进一步论证了这一观点。

度研究并论证了中间产品贸易自由化的重要性,也从另一个层面揭示了从中间品贸易的角度考量中美两国贸易摩擦影响的重要意义。中美两国在中间品与消费品进口上的差异是否会对中美两国贸易摩擦产生影响?会产生何种影响?这些都将成为下篇主要回答的问题。

考虑到量化分析法可以更加精确、有效地分析和预测将实施的各种政策的预期效果,本篇将具体从量化分析的角度入手,对中美贸易摩擦的有关影响进行分析。近年来,量化分析方法也越来越被国际学者普遍采用。卡利恩多和帕罗(Caliendo and Parro,2015)分析了北美自由贸易区建立后外生关税变化对福利变化的影响。奥萨(Ossa,2014)和阿尔瓦雷斯和卢卡斯(Alvarez and Lucas,2007)讨论了最优关税下的贸易利得。谢和奥萨(Hsieh and Ossa,2016)分析了中国生产率增长对1992—2007年14个主要国家和4个主要国际区域福利水平的影响。迪·乔瓦尼等人(Di Giovanni et al.,2013)则使用李嘉图-赫克歇尔-俄林(Ricardian-Heckscher-Ohlin)模型量化分析并评估了中国贸易一体化及技术进步对75个国家福利水平的影响。

整体而言,本篇共分为三部分:第一部分对此次中美贸易摩擦的进程发展做了梳理总结,并结合具体案例就贸易摩擦对中美两国企业的(潜在)影响及两国可能的应对策略进行了分析;第二部分从经典贸易理论及成本-收益分析法的角度,对有关贸易条件、关税、福利水平决定等基本理论概念进行了简要介绍和分析;第三部分则以此次中美贸易摩擦为具体研究对象,并结合上篇关税结构的有关分析,对贸易摩擦的福利影响进行了量化评估。

关税结构分析、中间品贸易与中美贸易摩擦

第3章

2018年中美贸易摩擦回顾

3.1 中美摩擦回顾

本节共分为两个部分,第一部分主要梳理了2018年中美贸易摩擦的发展历程,第二部分则以半导体行业为例阐述了此次贸易摩擦对美国企业的潜在影响。

3.1.1 中美贸易摩擦重要事件梳理

2018年4月4日,美方宣布将就进口自中国的多类总价值达500亿美元的产品加收25%的关税,并公布加征关税清单;当日下午,作为反击,中国决定对原产于美国的同样涉及500亿美元的商品加征25%的进口关税。新一轮中美贸易摩擦正式开启。同年4月16日,美国商务部宣布,将禁止美国公司向中兴通讯销售零部件、商品、软件和技术,时间跨度长达7年。中美贸易摩擦再度升级。

为了方便读者对此次贸易摩擦有更为全面的了解,笔者根据人民网、国务院关税税则委员会公告以及美国贸易代表办公室(United States Trade Representative,USTR)公告等媒体公开资料,将此次中美贸易摩擦的发展进程按照时间轴的先后整理如下,整体跨度从2017年下半年至2019年初。①

---

① 美国贸易代表办公室(USTR)由美国国会根据《1962年贸易扩展法》创建,美国肯尼总统于1963年1月15日签署11075号总统行政令落实。USTR既指代美国贸易代表,也指代其负责的机构。美国总统卡特于1980年1月4日签署的12188号总统行政令授权USTR制定并管理美国全部贸易政策。同时,USTR还被指定为美国国家的首席(转下页)

● 2017年

2017年8月19日,美国总统特朗普指示USTR对中国开展301调查。①这成为2018年中美贸易摩擦开启的导火线。

● 2018年

2018年2月16日,美国商务部披露232调查结果,认为钢铝进口现在可能威胁美国国家安全。②

2018年2月27日,美国商务部公布终裁结果,认定从中国进口的铝箔产品存在倾销和补贴行为,并发表声明,最终裁定中国出口到美国的铝箔产品倾销幅度为48.64%至106.09%,补贴幅度为17.17%至80.97%。

2018年2月27日至3月3日,中共中央政治局委员、中央财经领导小组办公室主任、中美全面经济对话中方牵头人刘鹤访问美国。访问期间,刘鹤同美国财政部长姆努钦、白宫国家经济委员会主任科恩、贸易代表莱特希泽就中美经贸合作及其他共同关心的重要问题举行了磋商。

2018年3月8日,美国总统特朗普签署公告对进口钢铁和铝产品征税高

(接上页)谈判官,并作为美国在主要国际贸易组织的代表。从具体职责来看,USTR负责制定和协调美国国际贸易、商品和直接投资政策;引导或指导与其他国家就此类事务的谈判,并在其职责的主要领域内提供贸易政策指引和谈判的专家意见。此外,该机构还对普遍优惠制(GSP)、301条款、1377条款及337条款下针对外国不公平贸易行为的申诉和201条款下的进口救济案例负有行政管理指责。

① 301调查指美国依据301条款进行的调查。一般而言,301条款是美国贸易法中有关对外国立法或行政上违反协定、损害美国利益的行为采取单边行动的立法授权条款。它最早见于《1962年贸易扩展法》,后经系列法案修改,目前通常指《1988年综合贸易与竞争法》第1301~1310节的全部内容,其主要含义是保护美国在国际贸易中的权利,对其他被认为贸易做法"不合理""不公平"的国家进行报复。根据这项条款,美国可以对它认为"不公平"的其他国家的贸易做法进行调查,并可与有关国家政府协商,最后由总统决定采取提高关税、限制进口、停止有关协定等报复措施。

② 232调查指美国商务部根据《1962年贸易扩展法》第232条款授权,对特定产品进口是否威胁美国国家安全进行的立案调查。该调查需在立案之后270天内向总统提交报告,而美国总统需在90天内作出是否对相关产品进口采取最终措施的决定。

关税。美国将对进口钢铁征税25%的关税,对进口铝产品征收10%的关税。

2018年3月15日,美国国际贸易委员会作出终裁,美国将对从中国进口的铝箔产品征收反倾销和反补贴("双反")关税。①

2018年3月19日,外交部发言人就美方决定对进口钢铁和铝产品采取限制措施表示,在当前形势下,以邻为壑、让子弹乱飞绝不是解决问题的有益有效方式,也绝不具有任何建设性。

2018年3月22日,美方USTR发布《基于1974年贸易法301条款对中国关于技术转移,知识产权和创新的相关法律,政策和实践的调查结果》,特朗普据此对从中国进口的商品大规模征收关税,并限制中国企业对美投资并购。特朗普在白宫签字前对媒体说,涉及征税的中国商品规模可达600亿美元。

2018年3月23日,中国商务部发布《关于就美国进口钢铁和铝产品232措施及中方应对措施公开征求意见的通知》,通知表示:拟中止对美国实施实质相等的减让和其他义务,即对自美进口部分产品加征关税。

2018年4月2日,中国国务院关税税则委员会公布针对美国232措施的产品征税清单,对原产于美国的7类128项进口商品中止关税减让义务。按照2017年统计,清单涉及美国对华约30亿美元的出口。

2018年4月3日,美国贸易代表办公室依据301调查结果公布拟加征关税的中国商品清单,涉及每年从中国进口的价值约500亿美元的1 300个单独关税项目的进口商品。清单商品主要针对中国"中国制造2025"产业政策,

---

① "双反"调查,即反倾销和反补贴调查的合称,指对来自某一个(或几个)国家或地区的同一种产品同时进行反倾销和反补贴调查。若一国进口产品以倾销价格或在接受出口国政府补贴的情况下低价进入该国内市场,并对该国国内同类产业造成实质损害或实质威胁时,WTO允许成员方使用反倾销和反补贴等贸易救济措施来保护国内产业的合法利益,进而恢复正常的进口秩序和公平的贸易环境。根据WTO的相关规定,若成员要实施反倾销措施,必须满足如下三个条件:第一,确定存在倾销事实;第二,确定该产业的进口对国内产业造成了实质损害或实质损害威胁;第三,确定倾销和损害之间存在因果关系。

所征收的惩罚关税为25%。

2018年4月4日,中国商务部发布关于对原产于美国的部分进口商品加征关税的公告。针对美国公布的301调查,中方决定对原产于美国的大豆、汽车、飞机等进口商品加征25%的关税,同样涉及中国自美进口金额约500亿美元。同日,中国就美国对华301调查项下征税建议在世贸组织争端解决机制下提起磋商请求,正式启动世贸组织争端解决程序。

2018年4月5日,特朗普发表声明,要求指示美国贸易代表考虑在301条款下额外对1 000亿美元的中国进口商品加征关税,作为针对中国关税的反制措施。同日,中国就美国进口钢铁和铝产品232措施,在世贸组织争端解决机制项下向美方提出磋商请求,正式启动争端解决程序。

2018年4月6日,中国商务部新闻发言人高峰表示,一段时间以来,双方的财经官员并没有就经贸问题进行任何谈判。如果美方称考虑再对中国1 000亿美元出口商品加征关税,中方已经做好充分准备,将毫不犹豫,立刻进行大力度反击。

2018年4月10日,中国国家主席习近平在博鳌亚洲论坛提出有关进一步对外开放的四项举措:(1)大幅度放宽市场准入;(2)创造更有吸引力的投资环境;(3)进一步加强知识产权保护;(4)进一步扩大进口,降低进口汽车关税。

2018年4月11日,美国总统特朗普在社交平台推特发文表示,感谢习主席,希望双方取得进一步进展。

2018年4月16日,美国商务部宣布,将禁止美国公司向中兴通讯销售零部件、商品、软件和技术,时间跨度长达7年。中美贸易摩擦再度升级。

2018年4月17日,中方宣布,即日起对原产于美国的进口高粱采取临时反倾销措施。

2018年4月18日,美方宣布,将对华进口的部分钢轮是否在美倾销以及接受不公平补贴问题展开新的调查。

2018年4月19日,中方决定对原产于美国、欧盟和新加坡的进口氯化丁基橡胶实施保证金形式的临时反倾销措施。

2018年5月1日,中国国务院关税税则委员会以暂定税率方式将包括抗癌药品在内的所有普通药品和具有抗癌作用的生物碱类药品、有实际进口的中成药等共28个税目的进口关税调整为零。

2018年5月3日至4日,美国财长姆努钦访华。中共中央政治局委员,国务院副总理刘鹤与美国总统特使、财政部长姆努钦率领的美方代表团就共同关心的中美经贸问题进行了坦诚、高效、富有建设性的讨论。

2018年5月13日,美国总统特朗普发布推特:我们正在为中兴通讯提供一种快速恢复业务的途径,(因中兴业务无法正常开展使得)中国有太多的工作岗位流失,我已告知商务部要尽快完成这项工作。

2018年5月14日,中国商务部重启对高通收购恩智浦半导体的审核,恢复此前因中美两国贸易纠纷而实际陷入停滞状态的审核工作。

2018年5月15日,习近平主席特使、中共中央政治局委员、国务院副总理、中美全面经济对话中方牵头人刘鹤率领中方经贸代表团抵达华盛顿。

2018年5月19日,中美双方于当地时间19日在华盛顿就双边经贸磋商的最大成果是双方达成共识,不打贸易战,并停止互相加征关税。

2018年5月20日,美方财政部长姆努钦表示,刚刚结束的中美经贸磋商取得了很有意义的进展,双方将继续就经贸问题保持磋商。

2018年5月25日,美国总统特朗普称,他将让中兴实现"高水平的安全保障,改组管理层和董事会,购买美国零部件以及缴纳13亿美元罚款"之后恢复业务。

2018年5月29日,美国白宫发布声明称,美方将于6月15日前公布总额约500亿美元的中国输美重大工业技术产品清单并将对其征税25%关税。同日,中国商务部回应,美方的行为出乎意料但又在意料之中,中方有信心、有能力及经验捍卫中国人民和国家的利益。

2018年5月30日,中国外交部发言人华春莹回应白宫声明,指出在国际关系中,每一次变脸和出尔反尔都是对自己国家信誉的又一次损耗和挥霍。

关税结构分析、中间品贸易与中美贸易摩擦

美方有关声明显然有悖于不久前中美双方在华盛顿达成的共识。

2018年6月2—3日,美国商务部长罗斯来华。中共中央政治局委员,国务院副总理,中美全面经济对话中方牵头人刘鹤带领中方团队与美国商务部长罗斯带领的美方团体在北京就两国经贸问题进行了磋商。双方就落实两国在华盛顿的共识,在农业、能源等多个领域进行了良好沟通,取得了积极的、具体的进展,相关细节有待双方最终确认。此次谈判双方未发表联合声明。

2018年6月16日,美国政府发布加征关税的商品清单,将对从中国进口的约500亿美元商品加征25%的关税,其中对818项约340亿美元商品自2018年7月6日起实施加征关税。主要征收的关税的商品种类有机械零件、机床、发电机、变压器、金属和铁路等。美国贸易代表办公室将对160亿美元的第二组关税进行进一步评估。

2018年6月16日,中国国务院关税税则委员会决定对原产于美国的659项约500亿美元进口商品加征25%的关税,其中对农产品、汽车、水产品等545项约340亿美元自2018年7月6日起实施加征关税,对化工品、医疗设备、能源产品等114项其余商品加征关税的实施时间另行公布。

2018年6月18日,特朗普指示美国贸易代表确定2 000亿美元的中国商品,如果中国采取报复性措施并拒绝改变贸易"不公平"做法,将额外征税10%的关税。随后特朗普宣称进一步升级至5 000亿美元,这基本实现了对中国出口美国商品的全覆盖。

2018年6月19日,中国商务部新闻发言人说,美方在推出500亿美元征税清单之后,又变本加厉,威胁将制定2 000亿美元征税清单。如果美方失去理性,出台清单,中方将不得不采取数量型和质量型相结合的综合措施,作出强有力反制。

2018年6月21日,中国商务部新闻发言人高峰在新闻发布会上表示,我们注意到美国内对美政府单边征税措施的强烈担忧,反对的人数在不断增加,范围也在不断扩大。中国将综合使用包括数量型和质量型工具在内的各种举措对美方作出强有力回应。中美经贸磋商一度取得成果,但美方反复无常。无论美方态度如何,中方都将坦然面对。

2018 年 6 月 26 日,中国下调部分亚洲国家进口关税,大豆等产品关税降至零。

2018 年 6 月 26 日,特朗普称将通过外国投资委员会来加强把关所有国家的对美技术投资。

2018 年 6 月 29 日,中方发布新的外商投资准入负面清单,该清单共在 22 个领域推出开放措施,基本完全放开了制造业的投资限制,并将宣布在 2021 年取消金融领域的所有外资股比限制。

2018 年 7 月 1 日,中方开始降低部分进口日用消费品的最惠国税率,共涉及 1 449 个税目,平均降税幅度达 56%。

2018 年 7 月 1 日,中国开始降低汽车整车及零部件进口关税,涉及 218 个税目的汽车及零部件产品。

2018 年 7 月 2 日,美国国家电信与信息管理局组织中国移动向美国电信市场提供服务。

2018 年 7 月 3 日,中国法院采取"诉中禁令"方式,裁定美国美光在华禁售芯片。

2018 年 7 月 6 日,中方在世贸组织起诉美国 301 调查下对华 2 000 亿美元产品征税建议措施。

2018 年 7 月 6 日,美国对第一批清单上 818 个类别,价值 340 亿美元的中国商品加征 25% 的进口关税。同日,USTR 公布 301 条款中国关税豁免程序,涉及上述开始生效的 818 项约 340 亿美元的中国商品有机会获得 301 特别关税豁免。

2018 年 7 月 6 日,根据海关总署关税征管有关负责人的表态,中国对美 340 亿美元进口商品加征 25% 关税措施已于北京时间 7 月 6 日开始正式实施。

2018 年 7 月 11 日,美方宣布拟对自华进口约 2 000亿美元产品加征约

10%的进口关税。同日,中方商务部回应,美方以加速升级的方式公布征税清单是完全不可接受的。外交部发言人华春莹回应,美方行为是典型的贸易霸凌主义。

2018年8月2日,美方宣布拟对7月11日公布的2000亿美元商品加征的关税税率由10%提高到25%。

2018年8月3日,中方回应将对美600亿美元商品加征5%,10%,20%和25%的关税,实施日期视美国而定,中美贸易战再次升级。

2018年8月7日,美国贸易代表办公室正式公布对160亿中国商品加征25%关税清单。新公布的160亿美元包括279项商品,比6月15日公布的拟议清单中最初的284项少了5项,包括部分化工产品(润滑油、塑料等)、用于高科技制造的机械产品、半导体和半导体制造机械,从8月23日正式实施。

2018年8月8日,国务院关税税则委员会决定对《国务院关税税则委员会关于对原产于美国500亿美元进口商品加征关税的公告》(税委会公告〔2018〕5号)中对美加征关税商品清单二的商品做适当调整后,自2018年8月23日12时01分起实施加征25%的关税。中对美征税的商品包括了褐煤、柴油、润滑油、石油沥青、大型客车、轿车、越野车等333个税目。

2018年8月22—23日,应美方邀请,中国商务部副部长兼国际贸易谈判副代表王受文率中方代表团前往华盛顿,与美国财政部副部长马尔帕斯率领的美方代表团进行了交流。

2018年8月23日,中国在世界贸易组织起诉美国301调查项下对华160亿美元输美产品实施的征税措施。

2018年9月12日,美方主动提议与中国进行新一轮贸易谈判,并称目的是在美国对进口自中国的商品加征关税之前,给中国提供一个解决中美贸易争端的机会。9月13日,商务部回应称,中方持欢迎态度,贸易冲突升级不符合任何一方利益。

2018年9月18日,美国政府宣布将于9月24日起,对约2000亿美元进口自中国的产品加征关税,具体见对中国2000亿美元加税,税率为10%,并将于 2019 年 1 月 1 日上升至 25%。还称如果中国针对美国农民或其他行业采取报复措施,将对约 2 670 亿美元的中国产品加征关税。中国商务部当日回应,为了维护自身正当权益和全球自由贸易秩序中方将不得不同步进行反制。

2018 年 9 月 18 日,国务院关税税则委员会决定对原产于美国的 5 207 个税目、约 600 亿美元商品,加征 10% 或 5% 的关税,自 2018 年 9 月 24 日 12 时 01 分起加征关税,详情见附表 1、附表 2、附表 3、附表 4。对附表 1 所列 2 493 个税目商品、附表 2 所列 1 078 个税目商品加征 10% 的关税,对附表 3 所列 974 个税目商品、附表 4 所列 662 个税目商品加征 5% 的关税。如果美方执意进一步提高加征关税税率,中方将给予相应回应,有关事项另行公布。

2018 年 9 月 18 日,中国在世界贸易组织追加起诉美国 301 调查项下对华 2 000 亿美元输美产品实施的征税措施。

2018 年 10 月 17 日,美国财政部公布半年度汇率政策报告,认为包括中国在内的美国主要贸易伙伴均未操纵货币汇率。

2018 年 10 月 29 日,美国商务部宣布,将福建省晋华集成电路有限公司列入出口管制"实体清单"。

2018 年 10 月 30 日,中方商务部新闻发言人发表讲话,反对美单边制裁,敦促其采取措施,立即停止错误做法。

2018 年 11 月 1 日,中国国务院总理李克强会见美国联邦参议员亚历山大率领的美国参、众两院访华代表团。李克强强调,中国将坚定不移深化改革,进一步扩大开放。美方表示,对经贸领域存在的问题,双方应通过公平、平等协商解决。美议员表示愿为促进美中关系、增进两国了解与合作发挥建设性作用。

2018 年 11 月 1 日,中国国家主席习近平应约同美国总统特朗普通电话。两位领导人约定了将在阿根廷二十国集团领导人峰会期间再次会晤,以就一些重大问题进行深入探讨。

2018 年 11 月 1 日,国务院关税税则委员会印发公告,宣布自 2018 年 11

月1日起,降低部分工业品等商品的最惠国税率,涉及包括纺织品;石材、陶瓷、玻璃制品;部分钢铁及贱金属制品;机电设备及零部件,如金属加工机械、纺织机械、工程机械、输变电设备、电工器材、仪器仪表等;资源性商品及初级加工品,如非金属矿、无机化学品、木材及纸制品、宝玉石等在内的共1 585个税目,约占我国税目总数的19%,平均税率由10.5%降至7.8%,平均降幅为26%。至此,我国关税总水平将由上年的9.8%降至7.5%,平均降幅达23%。

2018年11月2日,美国财长姆努钦宣布,将于美东时间11月4日23点59分开始,全面恢复对伊朗的制裁,中国内地获得购买36万桶/日伊朗原油、持续180天的临时豁免。

2018年11月19日,美国商务部工业安全局(BIS)出台一份技术出口管制方案,拟管制14项涉及国家安全和前沿科技的技术出口,并就这一方案向公众征询意见。这14项美国商务部加强管制的领域包括人工智能、芯片、量子计算、机器人、面印和声纹技术等。

2018年11月20日,USTR更新了301调查报告,指责中国政府支持的知识产权和技术偷窃活动还在继续。中方商务部发言人表示,报告对中方进行新的无端指责,捕风捉影,罔顾事实,中方完全不能接受。

2018年12月1日,中国国家主席习近平应邀同美国总统特朗普在阿根廷布宜诺斯艾利斯共进晚餐并举行会晤。两国元首就中美关系及共同关心的国际问题深入交换意见,并达成重要共识。双方达成共识,停止加征新的关税,并指示两国经济团队加紧磋商,朝着取消所有加征关税的方向达成互利共赢的具体协议。

2018年12月2日,美国白宫发表声明称,特朗普和习近平进行了"非常成功的会晤",特朗普同意2019年1月1日将商品关税维持在10%。中国将从美国购买大量产品,并立即开始从美国购买农产品。中国和美国同意进行90天的谈判,磋商技术转让、知识产权等"结构性"议题。若中国和美国达不成协议,关税税率将上升至25%。

2018年12月11日,中央政治局委员、国务院副总理、中美经贸磋商牵头人刘鹤应约与美国财政部长姆努钦、贸易代表莱特希泽通电话,双方就落实两国元首会晤共识、推进下一步经贸磋商工作的时间表和路线图交换了意见。

2018年12月14日,中国国务院关税税则委员会发布公告,决定从2019年1月1日起至2019年3月31日,对原产于美国的汽车及零部件暂停加征关税,涉及211个税目。

2018年12月19日,中美举行经贸问题副部级通话,就双方关心的问题进行沟通。

● **2019年**

2019年1月4日,中美双方举行副部级通话,确认美国副贸易代表格里什将于1月7日至8日率领美方工作组访华,与中方工作组就落实两国元首阿根廷会晤重要共识进行积极和建设性讨论。

2019年1月30日至31日,中共中央政治局委员、国务院副总理、中美全面经济对话中方牵头人刘鹤带领中方团队与美国贸易代表莱特希泽带领的美方团队在华盛顿举行经贸磋商。双方在两国元首阿根廷会晤达成的重要共识指引下,讨论了贸易平衡、技术转让、知识产权保护、非关税壁垒、服务业、农业、实施机制以及中方关切问题。重点就其中的贸易平衡、技术转让、知识产权保护、实施机制等共同关心的议题以及中方关切问题进行了坦诚、具体、建设性的讨论,取得重要阶段性进展。双方还明确了下一步磋商的时间表和路线图。

2019年2月14日至15日,中共中央政治局委员、国务院副总理、中美全面经济对话中方牵头人刘鹤与美国贸易代表莱特希泽、财政部长姆努钦在北京举行第六轮中美经贸高级别磋商。双方认真落实两国元首阿根廷会晤共识,对技术转让、知识产权保护、非关税壁垒、服务业、农业、贸易平衡、实施机制等共同关注的议题以及中方关切问题进行了深入交流。双方就主要问题达成原则共识,并就双边经贸问题谅解备忘录进行了具体磋商。双方表示,将根据两国元首确定的磋商期限抓紧工作,努力达成一致。

2019 年 2 月 21 日至 24 日,刘鹤副总理与美国贸易代表莱特希泽、财政部长姆努钦在华盛顿举行第七轮中美经贸高级别磋商。双方进一步落实两国元首阿根廷会晤达成的重要共识,围绕协议文本开展谈判,在技术转让、知识产权保护、非关税壁垒、服务业、农业以及汇率等方面的具体问题上取得实质性进展。在此基础上,双方将按照两国元首指示做好下一步工作。

同日,特朗普总统宣布推迟 3 月 1 日上调中国输美商品关税的计划。

截至笔者撰稿前,中美双方互相公布的征收关税清单已有三轮,分别为:

第一轮(已于 2018 年 7 月 6 日生效)美方对进口自中国的 818 项价值约 340 亿美元的产品 25% 进口关税,同时中方也对进口自美方的 545 项价值约 340 亿美元的产品加征 25% 进口关税;

第二轮(已于 2018 年 8 月 23 日生效),美方对进口自中国 279 项价值约 160 亿美元产品加征 25% 进口关税,同时中方对进口自美国的 333 项价值约 160 亿美元的产品加征 25% 进口关税;

第三轮(已于 2018 年 9 月 24 日生效)美方对进口自中国约 2 000 亿美元 5 745 项产品加征 10% 进口关税,中方对进口自美方价值约 600 亿美元 1 636 项产品加征 5% 或 10% 不同程度的进口关税。

有关三轮加征关税清单的具体项目明细见书末附录。

3.1.2 中美贸易摩擦下的美国企业——以半导体行业为例

毫无疑问,美国单方面发动贸易摩擦后,中国企业将首先受到冲击。其中,半导体相关行业首当其冲。2018 年 4 月 6 日,美国商务部发布公告,鉴于中兴违反美国限制向伊朗出售美国技术的制裁条款,美国政府未来 7 年将禁止美国公司向中兴通讯销售零部件、商品、软件和技术。受拒绝令影响,2018 年 5 月,中兴通讯发布公告,公司主要经营活动已无法进行。同年 6 月,中兴通讯与美国商务部达成和解,该事件最终以中兴累计向美方赔款22.9亿美元(其中罚金分两次缴纳,共18.92亿美元,4亿美元保证金,赔款总额相当于中兴2017年净利润的3倍)落下帷幕。①

另一方面,在现今全球价值链迅猛发展的背景下,跨国企业之间的产品研发合作、销售合作以及代理加工关系愈发密切,而作为全球最大的半导体产品需求地,中国市场的冲击无疑也会对美国半导体企业的发展产生影响。本节便将从具体案例入手,分析中美贸易摩擦引致的中美贸易环境不确定性对美国高科技企业的影响。笔者聚焦于半导体行业,并选取了与中国企业在生产研发、销售合作以及代理分工三类合作密切且较具代表性的美国企业,以美国企业为出发点,探讨了此次中美贸易摩擦对美国半导体行业的(潜在)影响。

3.1.2.1 研发合作型——英特尔

作为全球最大的个人计算机零件和CPU制造商,英特尔正处于向数据驱动业务转型的关键时期——其PC端业务正逐渐向AI、智能汽车以及5G技术转型。而中国巨大的潜在市场无疑具有强大的吸引力。② 根据英特尔在2015—2017年的分地区营收情况,其近80%的营收来自美国之外的区域。其中,中国市场贡献了近一半的收益,为其研发投入提供了充足的资金来源。另一方面,中国一贯的低税政策以及相关产业政策则进一步鼓励了英特尔在中国各地构建制造中心,与众多的中国企业构建合作协议,共建战略合作伙伴关系。2018年1月,英特尔与中国汽车制造商上汽集团及数字化测图公司

---

① 相关数据来源于美国商务部公告。
② 以正在进行的人工智能和自动化驾驶项目为例,中国广阔的市场及庞大的制造业规模,为英特尔新技术的应用提供了数量庞大的潜在用户、丰富的场景以及巨大的市场容量。例如,中国将成为无人驾驶汽车的未来潜在市场。中国汽车工业协会的数据表明,作为世界上最大的汽车生产国和消费国,2018年中国汽车产销量分别为2 780.9万辆和2 808.1万辆,占全球汽车市场近1/3的份额。

四维图新开启战略合作伙伴关系,计划共同开发自动驾驶汽车;同年5月,英特尔投资机构在英特尔投资峰会上宣布向三家来自中国的科技创业公司进行投资。然而,中美贸易摩擦带来的强不确定性很可能会对英特尔与中国企业间合作计划的存续产生直接影响。事实上,早在2018年2月,英特尔便与中国紫光展锐宣布达成5G全球战略合作,双方计划于2019年实现将5G移动网络同步推向市场;而2019年2月,英特尔则宣布与紫光展锐的合作计划终止。尽管英特尔方面表示,终止合作完全是商业决定,但有关技术转让可能会在美国方面引发的"制裁"担心,无疑也是双方合作协议破裂的重要影响因素。

3.1.2.2 销售合作型——AMD

有别于英特尔同中国企业间的研发合作关系,AMD与中国企业更多倾向于销售合作型关系。2018年1月,AMD授权京东为中国区总代理,共同合作推广销售AMD的高端处理器。尽管目前还没有传出AMD与中国企业之间合作关系破裂的消息,但中美贸易关系的不稳定性以及合作成本的陡增,无疑都将会对AMD与中国市场合作的可持续性产生影响。此外,观察AMD的劳动力地域分布、业务点分布以及营收分布情况,不难发现,AMD的业务发展在很大基础上离不开亚洲市场尤其是中国市场的支持。以2017年为例,AMD有74%的营收来自非美国地区,而中国地区贡献高达了33%的营收。鉴于AMD供应链中很大一部分在中国运营,且相当大比例的员工为中国工人,贸易摩擦引致的基础设施成本上升及更为烦琐规则的冲击,无疑会进一步对其营收产生影响。

3.1.2.3 加工代理型——思佳讯

美国半导体企业思佳讯与中国企业间的合作方式多为加工代理型。作为重要的终端产品需求地及中间品加工地,思佳讯的生产加工高度依赖于中国市场。其大量高端半导体零部件在中国制造,最后出口至美国及欧洲市场。可以预见,受中美贸易摩擦的影响,一旦美国向中国出口半导体产品征收高额关税,将直接导致思佳讯从中国生产外销到美国的半导体产品价格上升,进而影响企业的市场营收。数据表明,2018年4月,美国发布对中兴通讯的禁令后,思佳讯股价便大跌超13%。

贸易摩擦的结局无疑是双输,只有开放合作才能走向共赢。在当今全球价值链分工日益深化、发展日益成熟的情况下,唯有成熟妥善解决两国经贸摩擦问题,进一步消除世界经贸发展的不确定性,才能真正增进两国及世界人民的福祉,促进世界经济稳定健康的发展。

3.2 中美贸易摩擦下中国企业的应对策略

上一节对2018年中美两国贸易摩擦的相关发展历程进行了梳理,并以半导体行业为例,阐述了此次贸易摩擦对美国企业的潜在影响。本节则特别聚焦于中国企业,从长、短期两个角度,辅以相应的案例,对中国企业可能采取的应对策略进行概要分析。

3.2.1 中国企业的短期策略——抢出口

短期而言,大部分中国企业均倾向选取提前出口(抢出口)的方式来规避关税上升可能带来的影响,以尽可能最大程度地降低损失。

企业抢出口的行为直接反映在我国外贸出口数据上。根据国家海关总署的数据,截至2018年11月中旬,中国外贸进出口总值超过2017年全年,同比增长近15%。在中美贸易不断升级的情况下,2018年的外贸进出口依然实现了快速增长。尤其是2018年下半年以来,中国对美国的出口表现十分良好:7—10月,中国对美出口同比增长12.9%,高于2017年同期的9.9%增速。究其原因,除了2018年中国扩大进口等国内政策因素外,中国外贸企业为规避中美贸易摩擦加征关税,将2019年出口任务在2018年提前"抢出口"也是外贸增速提高的主要原因之一。

企业抢出口的行为也间接反映在中国运往美国的集装箱运价上。由于担心美国的关税和报复措施会在9月实施,一方面,中国出口商与美国进口商都力争在加征关税清单正式实施前将货物运抵美国;另一方面,各海运联盟对去往美国的海运航线也纷纷撤线减班。这进一步导致对美运力供不应求,直接结果是,从中国各大港口开往美国的海运航班运费明显升高。以宁波和上海两大港口的集装箱运价指数为例,笔者分别测绘了2017年7月至2018年11月,宁波及上海两大港口开往美东、美西与欧洲三条航线的集装箱货运指数变化折线图。如图3-1所示,左侧描绘的是三大航线对应的宁波集装箱货运指数变化图,右侧描绘的是对应航线下上海集装箱货运指数变化。根据图示可以发现,2018年5月后,两大港口去往美国的集装箱价格都有了十分明显的提高,尤其与欧洲航线相比,美东、美西航线的货运费上涨幅度均十分明显,存在显著的抢出口效应。

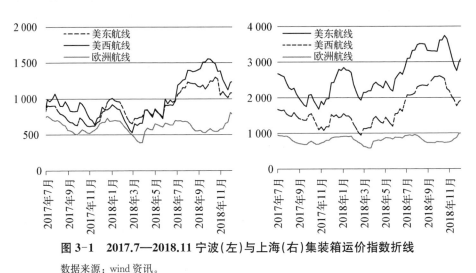

图 3-1　2017.7—2018.11 宁波(左)与上海(右)集装箱运价指数折线

数据来源:wind 资讯。

此外,受中美贸易摩擦影响,美国公布的对中加征关税清单内的产品也存在明显的抢出口效应。来自兴业证券经济与金融研究院的一项研究表明,尽管早在2018年4月4日,美国就威胁对进口自中国的500亿美元产品加征关税,但"抢出口"效应直到当年7月才开始显现。① 图3-2测算了美国公布的三轮对华加征关税清单下的产品出口增速的变化。②

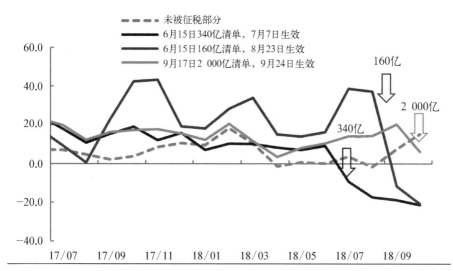

图3-2 2017年7月—2018年9月美加征关税清单下产品对美出口同比百分比
数据来源：兴业证券研究报告。

根据图3-2不难发现,第一轮清单项下的产品抢出口效应并不明显,340亿美元清单产品的出口增速从7月开始大幅回落,同比增速从6月的9.5%降至7月的-9.7%,此后降幅逐渐扩大,9月下降至-18.9%。其原因可能在于产品受加征关税的时间太短,出口商来不及做出反应。随后生效的第二轮160亿美元清单产品则存在明显的提前出口效应。6月这些产品出口同比增速仅为17.3%,7月则飙升至40.0%,8月仍然保持在38.1%的高位。同样,第三轮清单产品也存在较为显著的抢出口效应,9月24日正式实施的关税清单早在2018年7月10日便已公布,此后清单上的产品出口同比增速便开始迅速攀升,从6月的

---

① 这可能是由于中国出口商一开始对美国加征关税的威胁并不太重视,从而在第一轮关税清单公布后,中国出口商并没有做出及时反应。
② 三轮清单分别为：2018年7月6日开始生效的340亿美元产品清单、2018年8月23日起生效的160亿美元产品清单,以及2019年9月24日起生效的2 000亿美元产品清单等。有关三轮清单下的具体各项产品见书末附录。

11%升至9月的20.7%,与其自2017年初以来逐步减速的出口趋势明显背离。

短期内,赶在加征关税政策落地之前抢先出口确实可以在一定程度上解决燃眉之急,但其效果也难以持久。伴随着25%的额外关税在8月23日正式生效,9月第二轮关税清单的产品出口同比增速便迅速下滑至-11.5%。2018年9月末,伴随价值2 000亿美元的第三轮加征关税产品清单的正式生效,这些产品对美国的出口增速也从9月份的20.7%骤降至10月的5.3%和11月的1.5%。换句话说,从数据来看,短期的抢出口效应明显减退。2019年1月,中国对美出口增速更是呈现同比负增长。面对中美贸易摩擦带来巨大压力,企业无疑需要更为长期的举措来应对如此严峻的压力,以及短期抢出口后所带来的透支效应。

3.2.2 中国企业的长期策略

长期来看,笔者认为中国企业可以从产业转移、出口转移、掌握并提升核心竞争力以及减少对个别贸易伙伴国的依赖四个方面,应对中美贸易摩擦以及全球经济不确定性日益增强所带来的冲击。

3.2.2.1 产业转移

中美贸易摩擦在高新技术领域等产业内的争端,也从另一个方面反映了近年来中国制造业领域内的发展变化。随着近年来中国国内包括劳动力成本、土地成本、税费负担在内的生产成本不断提升,长期以价格优势占领美国市场的策略愈发艰难。中美贸易摩擦的爆发也进一步推动了中国国内相关制造业企业(产业)向生产成本更低的国家转移。以越南为例,由于其更为低廉的劳动力成本及对外资友好政策,越来越多的中国企业开始向越南转移。①

---

① 按照越南税法,外商在很多行业的投资项目可以享受"两免四减半"税收优惠,即前两年免交企业所得税,后四年减半征收;对于部分高科技产业,越南方面还给出更优惠的"四免九减半"政策。

中美贸易摩擦也在一定程度上加快了这一转移进程。仅2018年下半年,深越工业园区便迎来了井喷式的招商,且相关企业大多集中在电子装配等轻加工领域。随着中国人口红利及成本优势的逐渐衰退,毫无疑问,产业转移将成为越来越多国内企业应对贸易摩擦及出口压力的应对策略之一。可以预见,除了越南以外,亚洲其他国家、非洲、美洲甚至欧洲都将成为我国企业产业转移的选择点。

3.2.2.2 出口转移

大量中国企业对美国的出口依赖,也成为此次中美贸易摩擦爆发后中国企业受到严重影响的原因之一。长期来看,若要进一步抵消潜在贸易摩擦及其不确定性带来的影响,开拓多元化市场、进行出口转移无疑是中国企业所能采取的重要举措。事实上,不少外贸企业均正在或者已经将出口目的地投向其他国家。例如,据第124届广交会的相关数据,浙江金华洁灵家居用品有限公司便已着手调整市场战略,重点拓展欧洲、东南亚及国内市场;深圳康铭盛科技实业股份有限公司则重点将市场集中在"一带一路"沿线国家。"不要把所有鸡蛋放在同一个篮子里",对于外贸出口企业而言,将单一国家或地区作为主要出口市场,风险极大。外贸出口企业应不断优化贸易结构,开拓多元国际市场,尽力将贸易摩擦的损失降到最低,实现健康发展。从某种程度上来说,中美贸易摩擦既是挑战,也是机遇,进一步推动了中国企业向海外市场开拓的意识和步伐。

3.2.2.3 掌握并提升核心竞争力

从此次中美贸易摩擦来看,受影响最大的是不具备技术优势、利润率较低的单体加工企业,技术含量较高且产品已逐渐成为美国购买者刚需商品的企业受影响较小。以上海振华重工集团有限公司(下称振华重工)为例,2018年7月10日公布的美国拟对中国加征第三轮关税清单中,振华重工生产的岸桥和起重机赫然在列,其产品均符合HTS编码为84261900的"运输起重机、龙门起重机和桥吊起重机"分类。但在2018年9月24日美国正式实施的加征关税商品清单中,振华重工的上述产品已经不在其列。振华重工的"幸免于税"在很大程度上是由于在同年8月底举行的听证会上,美国港口协会和振华重工在美国的港口客户一起向美国政府进行申诉,以振华的产品在产量和质量上能满足美国市场需求,而美国自身没有替代产品,将贸易订单交给其他国家只会导致美国港口成本上升,最终会损害美方利益为由进行了申诉。最终,在公布的加税清单中,美国政府排除了振华重工的相关产品。① 中美贸易摩擦爆发后,唯有核心技术及竞争力的拥有者方能占据谈判的制高点。企业只有掌握关键技术、不断提升竞争力,才能在风云多变的环境中屹立不倒。

3.2.2.4 减少对个别国家的贸易依赖

此次中美贸易摩擦除了表现在加征关税外,美国还频频以所谓的知识产权、国家安全等理由对中国企业,尤其是高科技企业进行制裁和打击。仅2018年以来,美国方面发布的各种禁令和限制所涉及的中方公司便有:中国最强电子科技公司华为、全球无人机领域领导者大疆创新、曾经A股市值最高的电子股海康威视、全球通信设备四强及中国集成电路前三的中兴通讯、全球核工业一流公司中广核、中国最大的国有电子科技公司中国电科、担负国产储存器研发重任的福建晋华等。这些企业的进出口产品无一例外对美国具有相当程度的依赖性,而美国对这些企业制裁的一个方式便是禁止美国企业向其出口。如前文所提,仅中兴事件中这一禁令的动用便使得中兴陷入崩溃的边缘。这也进一步说明,中国企业要想打好这场长期战,应尽可能减少对个别国家、个别产业的贸易依赖,分散风险,提高在当前多变的贸易局势下的综合竞争力。

---

① 事实上,对美国市场而言,振华重工生产的产品拥有极高的市占率(约75%),并且美国方面没有相关企业能够自行制造桥吊,除了振华之外的第二大供应商来自欧洲,其市场占有率仅为5%,远不能满足美国市场对吊桥的需求。

第4章

关税、贸易条件与福利

中国中世哲学史

第三章通过辅以相关案例,分析了此次中美贸易摩擦对中美两国企业的可能影响及应对策略。本章则具体从经典的国际贸易理论入手,引入生产、消费、政府等各利益集团,以探讨关税在贸易摩擦中的福利效应。

4.1 贸易条件与福利

4.1.1 贸易条件对福利的影响

标准贸易理论中,通常用贸易条件的大小与改变来衡量一国在贸易中福利水平的高低及变化。根据定义,贸易条件(Terms of Trade,TOT)指的是一段时期内一国每出口一单位商品所能交换的外国进口商品的比例,常用该时期的出口价格指数与进口价格指数之比来表示。若一国贸易条件改善,则意味着该国每出口一单位商品能交换更多的外国进口商品,进而有利于本国福利水平的改善。换句话说,一国贸易条件的改善会增加福利水平,贸易条件的恶化则会降低福利水平。接下来,本节具体以一个两国-两部门的简单经济体为例,对这一影响进行理论层面的分析。

假定世界仅由美、中两国构成,两国均生产产品 A 和产品 B,两国生产及贸易情况如表 4-1 所示。两国两类产品的产量分别用 Q_A 和 Q_B 以及 Q_A^* 和 Q_B^* 表示。美国出口其具有比较优势的产品 A,中国出口产品 B。以美国为例,如图 4-1 所示,当产品 A 的产出增加、产品 B 的产出减少时,生产点将从点 Q^1 移到点 Q^2(PPF 为生产可能性边界),对应消费点所在的等价值线

(Isovalue Lines)将从 IL^1 移动到 IL^2。此时,相对价格 P_A/P_B 上升,消费点从 D^1 移动到 D^2(消费点为无差异曲线与等价值线的切点)。根据基本的微观经济学原理,可以用消费者效用水平的相对大小来代表福利水平的大小,而无差异曲线的高低又代表了效用水平的大小。可以发现,与 D^1 相比,此时消费点 D^2 移动到了一条更高的无差异曲线上,福利水平得到了改善。

表 4-1　中美两国生产及贸易情况

	生　　产		出　　口
美　国	Q_A	Q_B	产品 A
中　国	Q_A^*	Q_B^*	产品 B

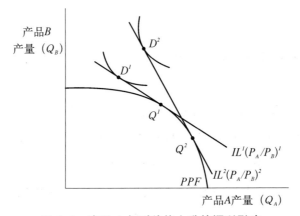

图 4-1　产品 A 相对价格上升的福利影响

另一方面,此时产品 A 的相对价格也会有所上升,由于假定美国出口产品 A,在其他条件不变的情况下,此时出口同样数量的产品 A 便能交换到更多数量的产品 B,其贸易条件得到改善,福利水平进而有所提高。

值得一提的是,消费点(Q)的移动同时包含了收入效应和替代效应的双重作用。收入效应会使两种产品的消费量都得到增加,而替代效应则反映在对产品 B 消费需求的相对增加以及对产品 A 消费需求的相对减少。一般而言,由于收入效应的影响会超过替代效应的作用,因此可得如下结论:通常而言,当贸易条件朝向有利于产品 A 相对价格提高的方向改变时,生产并出口产品 A 的国家福利水平会有所提高；相应地，当贸易条件朝向有利于产品 B 相对价格提高的方向改变时，生产并出口产品 B 的国家福利水平则会有所改善。

4.1.2 贸易条件的确定

那么，贸易条件（即出口产品相对价格）是如何确定的呢？接下来，本节将在延续前述有关国家生产及贸易假设的基础上进行分析说明。

仍然假定世界上只有美、中两国，美国对中国出口产品 A、进口产品 B，中国向美国进口产品 A、出口产品 B。分别用两种产品的相对价格表示美(P_A/P_B)中(P_B/P_A)两国的贸易条件。

根据基本的微观经济学原理，为得到产品 A 的相对价格 P_A/P_B，首先必须根据两类产品的相对产量和相对价格水平得到产品 A 的世界相对供给曲线和世界相对需求曲线。而由经典供求理论，当产品 A 的相对价格上升时，两国均生产更多的产品 A 而相对减少对于产品 B 的生产投入，消费更少的产品 A 而增加对产品 B 的相对需求。故如图 4-2 所示，向上倾斜的曲线 RS_A 便

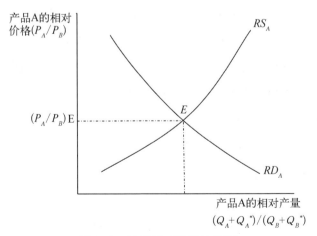

图 4-2　世界相对价格的确定

代表中美两国间产品 A 的相对供给曲线,向下倾斜的曲线 RD_A 则代表产品 A 的相对需求曲线。两条曲线交点即为最终得到的产品 A 均衡条件下的相对价格 $(P_A/P_B)^E$,亦即美国的贸易条件。

4.2 关税变化、贸易条件与福利

在中美贸易摩擦中,关税无疑是双方互相博弈的重要手段和措施,关税水平的改变通过影响两国的贸易条件进而影响两国的福利水平。本节将根据标准贸易模型,从理论层面上简要说明关税变化对福利水平变化的影响机制。

仍然以中美两国-两部门的简单经济体为例,考虑到中美两国均为贸易大国,其关税政策的改变会对世界相对供给和世界相对需求产生较大影响,从而改变均衡条件下的世界相对价格。尤其要注意的是,以相对价格指数衡量的贸易条件中的相对价格,对应的是对外交换产品的比例,因此这一价格指数是外部价格指数,即世界市场上的价格(外部价格)而非国内市场上的价格(内部价格)。①

当美国单方面向从中国进口的产品 B 施加进口关税时,将会使得美国国内消费者面临的进口产品 B 的相对价格(内部价格)变高,进而减少对产品 B 的需求。与此同时,美国生产者可以对产品 B 设定更高的相对价格,增加了对产品 B 的相对供给。由于美国是贸易大国,因此产品 B 在世界范围内的需求会下降(图 4-3 中 RD_A^1 移动到 RD_A^2),产品 B 在世界范围内的供给会提高(RS_A^1 移动到 RS_A^2)。显然,产品 A 的均衡世界相对价格由 $(P_A/P_B)^{E1}$ 上升到 $(P_A/P_B)^{E2}$。这也就是说,产品 B 的世界相对价格(外部价

---

① 由图 4-1 可易知,在使用贸易条件分析国家福利时,我们假设一国收入始终等于该国 GDP,其中忽略了关税收入的影响。

格)会下降,产品 A 的世界相对价格(外部价格)会提高。因此,当美国单方面向进口自中国的产品加征关税后,会改善美国的贸易条件(其出口产品相对价格提高),而中国的贸易条件则会发生恶化(其出口产品相对价格减少)。

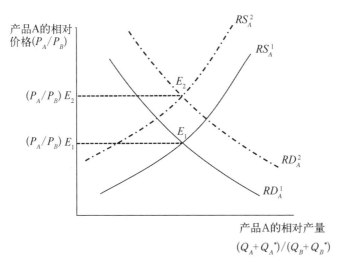

图 4-3 关税与贸易条件

4.3 关税收入下的成本-收益分析

根据前述分析,出口产品的世界相对价格的提高,意味着一个国家贸易条件的改善,进而意味着该国福利水平的改善。但这一改善却忽略了关税收入的影响,而现实世界中,关税收入无疑是贸易摩擦中不可忽略的重要因素之一。为了更好地解释现实世界中关税对一国整体福利水平的影响,本节将利用成本-收益分析法,基于三部门经济,分析考虑关税收入后关税变化对贸易条件(福利水平)的影响。

图 4-4 具体描绘了关税的价格效应在不同市场间的传导机制。当美国

单方面对进口自中国的产品 B 征收关税时,产品 B 在美国的国内价格会由 P_W 上升至 P_T,此时,美国本土的生产者会愿意将更多资源投入产品 B 所在的生产部门,从而提高产品 B 的供给。与此同时,在相对更高的价格水平上,消费者则会降低对产品 B 的需求。鉴于美国是大国,此时会通过大国效应影响世界市场上对产品 B 的需求,反映在图 4-4 中即为 MD 曲线上点 1 向点 2 的移动。此时,对于中国的生产者而言,产品 B 的市场需求下滑,会使得产品 B 的价格下降至 $P_T^* = P_T - t$。相应地,中国国内产品 B 的生产水平下降,进而导致出口下滑(影响世界市场上对产品 B 的供给,在 MD 曲线上从点 1 向点 3 移动)。此时,就美国而言,其各部门福利水平的变化便可通过生产者剩余和消费者剩余的变化来加以衡量。

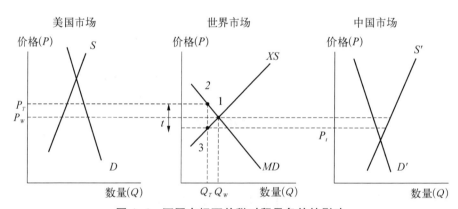

图 4-4　不同市场下关税对贸易条件的影响

4.3.1　生产者剩余与消费者剩余

根据基本微观经济学知识,生产者剩余衡量了生产者对生产售出的产品愿意出售的价格与实际出售的价格之间的差额。差额越大,代表生产者生产的产品实际出售价格越高,生产者便可获得更多的生产者剩余,从图示上来看,体现在供给曲线上方与价格线下方面积的增大。如图 4-5 所示,当价格为 P^2 时,生产者剩余为 a^2;当价格提高到 P^1 时,生产者剩余

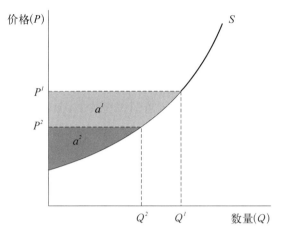

图 4-5 生产者剩余的几何表示

增加到 (a^1+a^2)。

类似地,消费者剩余衡量的是消费者在购买消费产品中愿意支付的价格与实际支付价格之间的差额。与生产者剩余类似,价差越大(实际支付价格越低),消费者剩余越大,体现在需求曲线下方价格上方的面积越大。如图 4-6 所示,当价格为 P^1 时,消费者剩余为 c^1;当价格下降到 P^2,消费者剩余增加到 (c^1+c^2)。

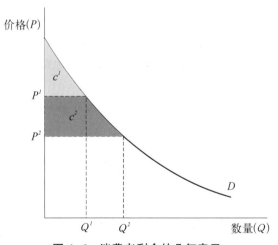

图 4-6 消费者剩余的几何表示

4.3.2 成本和收益

接下来,结合前述生产者剩余与消费者剩余的相关定义,笔者利用成本-收益分析法,并具体以美国单方面加征进口关税为例,分析考虑了关税收入影响后进口国福利水平的变化。如图4-7所示,当美国单方面向进口自中国的产品B征收关税后,假定此时产品B的世界价格用P_W表示,美国国内产品B的价格则提高至P_T。由于美国为大国,因此美国政府的征税行为会迫使从中国进口产品的世界范围内的需求有所下降,从而导致产品B的世界价格下降至P_T^*。

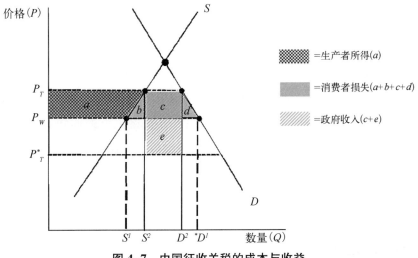

图4-7 中国征收关税的成本与收益

首先,考虑关税变化对美国生产者的影响。当产品B的价格由于施加关税而提高至P_T时,美国国内的生产者会更愿意生产产品B,导致生产数量由S^1扩大至S^2,美国国内生产者剩余(价格之下供给曲线之上的面积变化)增加为面积a。

其次,考虑关税变化对美国消费者的影响。根据消费者剩余的定义,施加关税后,消费者剩余减少了$a+b+c+d$(即为价格变动线与需求曲线之间的面积部分)。

鉴于美国是贸易大国,加征关税后会迫使进口产品的世界价格发生下降,因此政府收益等于关税税率$t(P_T-P_T^*)$与进口量(D^2-S^2)二者的乘积。体现在图4-7中即为$(c+e)$的面积。

综合三部门损益情况分析,最终可得到关税变化的净效应＝政府收入＋生产者所得－消费者损失。表示在图4-7中,即为下述面积之和:

$$(c+e)+a-(a+b+c+d)=e-(b+d)$$

其中,矩形e衡量了关税降低美国出口产品B的世界价格而产生的贸易所得,三角形b、d分别表示在关税施加过程中,国内生产和消费被扭曲的程度,即美国消费和生产部门的效率损失。换句话说,一国施加关税对社会福利的影响取决于贸易所得与效率损失的大小。此时,不同于前述标准贸易模型下有关贸易条件的分析,成本-收益分析下的研究表明,即使美国单方面施加进口关税,其本国福利效应也未必为正。

小结

本章主要从经典贸易理论的研究入手,分析了关税变化对一国贸易条件及福利水平的影响。具体而言,主要包含以下几个要点:

(1) 贸易条件是一段时期内一国每出口一单位商品所能交换的外国进口商品的比例,通常用出口价格指数与进口价格指数之比表示。

(2) 关税变化会影响贸易条件,进而影响福利水平。对大国而言,一国对进口商品征收关税会改善其贸易条件,增加本国的福利。

(3) 考虑关税收入的影响后,通过成本-收益分析不难发现,施加进口关税对社会福利的影响取决于贸易所得和效率损失的相对大小。基于成本收益模型的分析暗含着在中美贸易摩擦中,即使美国单方面施加关税会改善本国的贸易条件,但最终对其的影响也未必为正。

第5章

中间品贸易与中美贸易摩擦

本篇前两章分别从此次中美贸易摩擦的发展脉络、中美企业的潜在影响及可能应对措施,以及标准贸易理论下关税与贸易条件和福利水平之间的关系等方面入手,对此次中美贸易摩擦进行了分析。本章将具体采用量化分析方法,对此次中美贸易摩擦对两国福利水平的影响进行定量评估。具体而言,本章将分析:(1)单边情况下,当美国单方面对其进口自中国的产品加征关税且中国不予以对应的反击;(2)贸易摩擦升级,两国均对进口自对方国家的产品加征25%的关税,两种情况下两国福利水平的变化。

5.1 典型事实

根据第1章的相关研究可知,BEC产品分类标准下,一国进口产品可以分为中间产品、资本品、最终产品及其他类产品四类。

图5-1画的是2011—2014年,按照BEC产品分类标准,中美两国进口的各类产品占本国总进口的比例。与第一、二章的相关研究相一致,两国进口的各类产品中,中间产品占比均较高,约占各国总进口的50%以上,若将资本品也视为中间产品的一种,则两国进口中间产品约占各国总进口的70%。[①]

[①] 一个可能的解释在于,中美两国的关税结构均呈现阶梯形关税结构特征,即两国进口中间产品关税均低于其进口最终产品关税(见图1-2与图2-1),故而两国进口中间产品份额要高于其最终产品进口份额。有关阶梯形关税结构的研究大致可分为两类:一类为统计性研究(如Balassa, 1965; Corden, 1966; Finger and Yeats, 1976; Clark, 1985等),另一类则集中于研究阶梯形关税结构的作用及设置依据(如Caves, 1976; McKinnon, 1991等)。

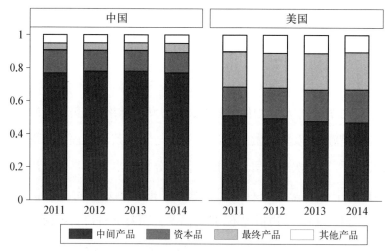

图 5-1　2011—2014 年中美两国进口各类产品占总进口的比例

资料来源：作者根据 CEPII 贸易数据及 BEC 产品分类数据绘制。

中国这一占比则高达 90%。进一步对比两国进口产品的成分构成可以发现，美国最终产品的进口份额要大于中国最终产品的进口份额，而中国中间产品的进口份额则远大于美国中间产品的进口份额。据此，可得典型事实 1。

● **典型事实 1**

中间品贸易在中美两国贸易中占据重要的位置，两国进口的产品中绝大部分产品为中间产品；但相对而言，中国中间产品的进口份额远大于美国中间产品的进口份额，而美国最终产品的进口份额则高于中国最终产品的进口份额。

接下来，从中美两国贸易来看，图 5-2 描绘的是 2011—2014 年，中美两国进口来自对方国家的各类产品占从对方国家总进口产品的份额。由图示可以发现，美国从中国进口的各类产品中，消费品、资本品和最终产品占比相当；而中国从美国进口的产品中，近 60% 的产品为中间产品，最终产品的进口份额则较小。换句话说，对比两国进口产品的成分构成可以发现，中国从美国进口的产品中大部分为中间产品；而美国从中国进口的最终产品份额则更

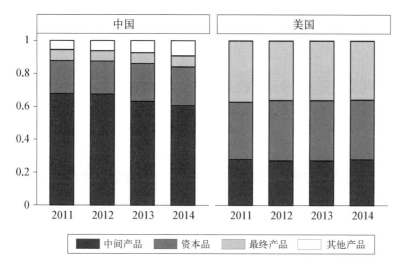

图 5-2 2011—2014 年中美两国进口自对方国家的
各类产品占从对方国家总进口产品的比例

资料来源：作者根据 CEPII 贸易数据及 BEC 产品分类数据绘制。

高。基于此，可得典型事实 2。①

● **典型事实 2**

中美两国贸易中，中国从美国进口的产品中，中间产品占绝大多数，且显著高于美国从中国进口的中间产品占比；而美国从中国进口的最终产品份额则显著高于中国从美国进口的最终产品份额。

根据此次中美贸易摩擦中两国公布的各自对对方国家加征关税产品清单②，不难发现：中美两国对对方国家加征关税产品清单中，所涉及产品除部分最终消费品外，中间产品均居大多数，诸如汽车零配件、氧化物等。那么，从中间品贸易的角度来考察中美贸易摩擦对两国福利水平的影响，会得到怎样的结果？接下来第二至四节便将具体从理论和量化分析两个角度对这一

---

① 若使用国际投入产出表(WIOT)数据，对有关中美两国中间产品贸易的相关特征进行描绘，结果亦进一步支撑了正文所得的两个典型事实。

② 详见书末附表 2。

问题进行更为具体的探究。

5.2 理论模型及参数估计

基于梅里兹和奥塔维亚诺的研究（Melitz and Ottaviano，2008），本节构建了一个可变利润加成的异质性企业模型。① 模型假定世界由两个国家组成，分别为母国（H）和外国（F），各国消费者分别用 L_H 和 L_F 表示，每个消费者同时也是生产者，且每个消费者拥有一单位的劳动禀赋。模型基本框架如下。

5.2.1 需求侧模型

国家 $l(l=H,F)$ 代表性消费者的效用函数如下：

$$U_l = q_{l,0}^c + \alpha \int_{i \in \Omega_l} q_{l,i}^c di - \frac{1}{2}\gamma \int_{i \in \Omega_l} (q_{l,i}^c)^2 di - \frac{1}{2}\eta \left(\int_{i \in \Omega_l} q_{l,i}^c di\right)^2 \quad (1)$$

以同质性商品作为计价商品，式中，$q_{l,0}^c$ 和 $q_{l,i}^c$ 分别代表国家 l 的单个消费者对同质性和异质性商品的消费量；Ω_l 代表国家 l 销售的异质商品集合；参数 α，γ 和 η 均为正，且 γ 代表任一商品种类中两种商品的差异程度：若 $\gamma=0$，则该产品为完全替代品，此时，消费者只需最大化其在所有商品种类上的消费水平 $Q_l^c = \int_{i \in \Omega_l} q_{l,i}^c di$。

---

① 樊海潮等人（Fan et al.，2017）通过在梅里兹（Melitz，2003）模型的基础上，构建了一个两国多部门的异质性企业模型，也考虑了最终产品和中间投入品贸易自由化的不同影响。但其理论模型与实证分析更多强调的是贸易自由化对企业出口行为的影响，以及这种影响在不同行业上的差异性；我们则在梅里兹和奥塔维亚诺的研究（Melitz and Ottaviano，2008）的基础上融入了企业进口行为，考量的是进口中间产品及最终产品关税变化对消费者福利水平的影响。同时，樊海潮等人（2017）更多采用的是实证分析方法，这里采用的更多是量化分析方法。

假定两国消费者的收入水平均足够高,因此消费者对于计价商品的需求均为正,即 $q_{l,0}^c > 0$。对国家 l 而言,其任一产品种类 i 利润最大化条件下的价格水平满足:

$$p_{l,i} = \alpha - \gamma q_{l,i}^c - \eta Q_l^c \tag{2}$$

由于 $q_{l,0}^c > 0$,故而有 $M_l \bar{p}_l = \alpha M_l - (\eta M_l + \gamma) Q_l^c$。式中,$M_l$ 衡量的是异质商品集合 Ω_l 所消费的产品种类,$\bar{p}_l = (1/M_l) \int_{i \in \Omega_l} p_{l,i} di$ 代表国家 l 包括内销企业和出口企业商品在内的平均价格水平。

利用上式将式(2)中的 Q_l^c 替换,可得式(3):

$$q_{l,i} \equiv L_l q_{l,i}^c = \frac{\alpha L_l}{\eta M_l + \gamma} - \frac{L_l}{\gamma} p_{l,i} + \frac{\eta M_l}{\eta M_l + \gamma} \frac{L_l}{\gamma} \bar{p}_l, \forall i \in \Omega_l \tag{3}$$

其中,$p_{l,i}$ 满足 $p_{l,i} \leqslant \frac{\alpha \gamma + \eta M_l \bar{p}_l}{\eta M_l + \gamma} \equiv p_l^{\max}$。式中,等式右侧的价格约束满足 $p_l^{\max} \leqslant \alpha$:当且仅当在这一价格水平上,消费者对商品的需求趋近于零时,取等号。

5.2.2 供给侧模型

5.2.2.1 技术水平

本节将技术水平定义为,生产一单位同质商品所需要的单位劳动力。假定同质化的外部商品由两国共同生产,且在两国间可自由贸易,因此两国的工资水平均可标准化为 1。由于生产异质性最终商品需要一揽子中间投入品,而每个企业在进行新产品的生产和研发时都需要付出额外的成本,因此企业生产异质性最终产品需要较高的生产成本;同时这里假定,其后续生产是规模报酬递增的。

尽管一个企业可能生产多种异质性产品,但每个企业都只能生产一种核心产品,核心产品的生产与企业核心竞争力相对应,并且与企业的核心生产率 ϕ 有关。企业必须先付出一成本 f_e 进入市场之后,才能获得这一核心生产力。模型假定每个企业的核心生产力从其已知的生产率分布 $G(\phi)$ 中随机抽取而来,且其支持范围满足 $[\phi_{\min}, \infty)$。

5.2.2.2 中间投入来源及边际成本

用 $a_j(v, \phi)$ 代表国家 $j(j \in [H, F])$ 生产单位中间产品 $v(v \in [0, 1])$ 所需要的单位劳动力。中间产品 v 还可用于最终商品 ϕ 的生产,且企业可从本国或外国获得其生产所需的中间投入。用 $\{h(v)\}_{v=0}^1$ 代表生产一揽子中间投入品的地点向量,与安特拉斯等人(Antràs et al., 2017)的研究类似,国家 l 生产最终产品种类 ϕ 的边际成本可表示为:

$$c_l(\{h(v)\}_{v=0}^1, \phi) = \frac{1}{\phi} \left(\int_0^1 [\tau_{h(v)l}^g a_{h(v)}(v, \phi)]^{1-\rho} dv \right)^{\frac{1}{1-\rho}} \quad (4)$$

其中,τ_{hl}^g 代表的是国家 l 从生产地 $h(v)$ 进口中间产品的贸易成本,当 $h(v) \neq l$ 时,$\tau_{ll}^g = 1$,且 $\tau_{h(v)l}^g > 1$。①

参照伊顿和科图的研究(Eaton and Kortum, 2002),假定一国生产中间产品的效率分布服从如下弗雷歇(Frechet)分布:

$$\Pr(a_h(v, \phi) \leqslant a) = e^{-T_h a^{-\theta}}$$

其中,$T_h > 0$,且该参数决定了国家 h 的技术水平,θ 决定了所抽取的生产率水平的变化幅度。因此,国家 l 生产的最终产品 ϕ 所需要的边际成本满足:

$$c_l(\phi) = \frac{1}{\phi} [\zeta \Theta_l]^{-1/\theta} \quad (5)$$

---

① 文中所有字母的下标中,第一个字母代表产品的来源国,第二个字母代表产品所销往的目标市场国。

其中，$\Theta_l = T_l + T_h (\tau_{hl}^g)^{-\theta}$ 代表国家 l 企业中间产品的获得能力，$\zeta = \left[\Gamma\left(\dfrac{\theta+1-\rho}{\theta}\right)\right]^{\theta/(1-\rho)}$，$\Gamma$ 代表伽玛方程。

5.2.2.3 企业行为

给定平均价格水平 $\bar{p}_l$ 及产品种类 M_l，利润最大化条件下，国家 l 生产并销往国家 h 的产品种类 ϕ 的数量 $q_{lh}(\phi)$ 可表示为①：

$$q_{lh}(\phi) = \dfrac{L_h}{\gamma}\left[p_h^{\max} - p_{lh}(\phi)\right]$$

国内市场中，利润最大化条件下，生产任一种类 ϕ 的产品价格 $p_{ll}(\phi)$ 必须要低于 $p_l^{\max}$。令 ϕ_{ll} 代表企业利润恰好为零时生产该产品的生产率临界值。当企业的核心生产率 $\phi < \phi_{ll}$ 时，企业生产包括核心产品在内的任一种产品均不能获利，此时，企业将退出该产品的生产。而 $\phi_{ll} = \phi_{ll}$ 代表该企业恰好能在市场上存活的临界生产率。此时，可易求得国内市场生产的临界边际成本：

$$c_{ll} = p_{ll}(\phi_{ll}) = p_l^{\max} \tag{6}$$

求解利润最大化问题 $\max\limits_{p_{ll}(\phi)} \pi_{ll}(\phi) = \left[p_{ll}(\phi) - c_l(\phi)\right] q_{ll}(\phi)$ 可得企业在国内市场的销售价格，如下式所示：

$$p_{ll}(\phi) = \dfrac{1}{2}\left[c_{ll} + c_l(\phi)\right] = \dfrac{[\zeta\Theta_l]^{-1/\theta}}{2}\left[\dfrac{1}{\phi_{ll}} + \dfrac{1}{\phi}\right] \tag{7}$$

相应地，其他包括企业绝对成本加成 $\mu_{ll}(\phi)$、国内销售数量 $q_{ll}(\phi)$、国内销售收入 $r_{ll}(\phi)$ 及国内销售利润 $\pi_{ll}(\phi)$ 等与企业内销有关的企业其他绩效指标可表示为：

---

① 由于企业的进入成本可被认为是沉没成本，因此，企业只需要平衡其生产中与企业核心竞争力有关的边际成本即可。

$$\mu_{ll}(\phi) = \frac{1}{2}[c_{ll} - c_l(\phi)] = \frac{[\zeta\Theta_l]^{-1/\theta}}{2}\left[\frac{1}{\phi_{ll}} - \frac{1}{\phi}\right] \tag{8}$$

$$q_{ll}(\phi) = \frac{L_l}{2\gamma}[c_{ll} - c_l(\phi)] = \frac{L_l[\zeta\Theta_l]^{-1/\theta}}{2\gamma}\left[\frac{1}{\phi_{ll}} - \frac{1}{\phi}\right] \tag{9}$$

$$r_{ll}(\phi) = \frac{L_l}{4\gamma}[c_{ll}^2 - c_l(\phi)^2] = \frac{L_l[\zeta\Theta_l]^{-2/\theta}}{4\gamma}\left[\frac{1}{\phi_{ll}^2} - \frac{1}{\phi^2}\right] \tag{10}$$

$$\pi_{ll}(\phi) = \frac{L_l}{4\gamma}[c_{ll} - c_l(\phi)]^2 = \frac{L_l[\zeta\Theta_l]^{-2/\theta}}{4\gamma}\left[\frac{1}{\phi_{ll}} - \frac{1}{\phi}\right]^2 \tag{11}$$

此外,一国企业生产的产品除在国内市场进行销售外,只要企业可以获得一非负的利润,便会同时从事出口业务。假定运输成本为零,单位最终商品的贸易成本服从 $\tau_{lh}^f > 1$,因此包括贸易成本在内的国家 l 出口的产品种类 ϕ 的单位成本可表示为 $\tau_{lh}^f c_l(\phi)$。与前述分析类似,国外市场 h 也存在一与特定种类产品的临界生产率 ϕ_{hh} 相对应的临界边际成本 c_{hh}。

类似地,最大化如下企业出口利润水平:

$$\pi_{lh}(\phi) = (p_{lh}(\phi) - \tau_{lh}^f c_l(\phi)) q_{lh}(\phi)$$

可得:

$$p_{lh}(\phi) = \frac{1}{2}[c_{hh} + \tau_{lh}^f c_l(\phi)] = \frac{\tau_{lh}^f[\zeta\Theta_l]^{-1/\theta}}{2}\left[\frac{1}{\phi_{lh}} + \frac{1}{\phi}\right] \tag{12}$$

$$\mu_{lh}(\phi) = \frac{1}{2}[c_{hh} - \tau_{lh}^f c_l(\phi)] = \frac{\tau_{lh}^f[\zeta\Theta_l]^{-1/\theta}}{2}\left[\frac{1}{\phi_{lh}} - \frac{1}{\phi}\right] \tag{13}$$

$$q_{lh}(\phi) = \frac{L_h}{2\gamma}[c_{hh} - \tau_{lh}^f c_l(\phi)] = \frac{L_h \tau_{lh}^f[\zeta\Theta_l]^{-1/\theta}}{2\gamma} \tag{14}$$

$$r_{lh}(\phi) = \frac{L_h}{4\gamma}[c_{hh}^2 - \tau_{lh}^f c_l(\phi)^2] = \frac{L_h(\tau_{lh}^f[\zeta\Theta_l]^{-1/\theta})^2}{4\gamma} \tag{15}$$

$$\pi_{lh}(\phi) = \frac{L_h}{4\gamma}\left[c_{hh} - \tau_{lh}^f(\phi)\right]^2 = \frac{L_h\left(\tau_{lh}^f\left[\zeta\Theta_l\right]^{-1/\theta}\right)^2}{4\gamma}\left[\frac{1}{\phi_{lh}} - \frac{1}{\phi}\right]^2 \quad (16)$$

上式中，ϕ_{lh}代表从国家l出口到国家h的某一特定种类产品的生产率，与之相对应的是扣除贸易成本后的边际成本 $\tau_{lh}^f c_{lh} = \dfrac{\tau_{lh}^f\left[\zeta\Theta_l\right]^{-1/\theta}}{\phi_{lh}}$，且该边际成本应等于国外市场上该产品销售的最大价格，即：

$$\tau_{lh}^f c_{lh} = p_h^{\max} = c_{hh} = \frac{\left[\zeta\Theta_h\right]^{-1/\theta}}{\phi_{hh}}$$

故此，特定种类产品的临界生产率满足：

$$\phi_{lh} = \frac{\tau_{lh}^f\left[\zeta\Theta_l\right]^{-1/\theta}}{\left[\zeta\Theta_h\right]^{-1/\theta}}\phi_{hh} \quad (17)$$

5.2.3 一般均衡分析

迄今为止，上述讨论中的所有结果在任一核心生产率分布$G(\phi)$下均成立，为了简化分析，假定核心生产率φ服从帕累托分布，该分布的规模系数为$\phi_{\min}$，形状参数$k \geqslant 1$，具体分布方程满足：$G(\varphi) = \left(\dfrac{\phi}{\phi_{\min}}\right)^{-k}, \phi \in [\phi_{\min}, \infty)$。由帕累托分布的相关性质可知，参数$k$决定了分布的形状，刻画的是生产率分布的离散程度；且存活企业的生产率分布仍服从帕累托分布，形状参数仍为k。故此，国家l内销和出口企业的断尾生产率分布方程可分别表示如下：

$$G_{ll}(\phi) = \left(\frac{\phi}{\phi_{ll}}\right)^{-k}; \quad G_{lh}(\phi) = \left(\frac{\phi}{\phi_{lh}}\right)^{-k}$$

而此时，市场自由进入条件意味着沉没成本等于每个潜在市场进入者的预期收益，也就是说：

$$f_e = \int_{\phi_{ll}}^{\infty}\pi_{ll}(\phi)dG(\varphi) + \int_{\phi_{lh}}^{\infty}\pi_{lh}(\phi(m,\varphi))dG(\varphi)$$

$$=\frac{\phi_{\min}^{k}}{2\gamma(k+1)(k+2)}[L_l\ [\zeta\Theta_l]^{-2/\theta}\phi_{ll}^{-k-2}$$

$$+L_h\ (\tau_{lh}^{f})^2\ [\zeta\Theta_l]^{-2/\theta}\phi_{lh}^{-k-2}]$$

$$=\frac{\phi_{\min}^{k}}{2\gamma(k+1)(k+2)}[L_l\ [\zeta\Theta_l]^{-2/\theta}\phi_{ll}^{-k-2}$$

$$+L_h\ [\zeta\Theta_h]^{-2/\theta}\left(\frac{\tau_{lh}^{f}\ [\zeta\Theta_l]^{-1/\theta}}{[\zeta\Theta_h]^{-1/\theta}}\right)^{-k}\phi_{hh}^{-k-2}]$$

故此，上述两个国家的市场自由准入条件便构成了一个 2×2 的系统，求解该系统即可得到两个国家的国内临界生产率，分别为：

$$\phi_{ll}^{-k-2}=\frac{2\gamma(k+1)(k+2)\ \varphi_{\min}^{-k}\ f_e}{L_l\ [\zeta\Theta_l]^{-2/\theta}}\frac{1-\left[\frac{\tau_{lh}^{f}\ [\zeta\Theta_l]^{-1/\theta}}{[\zeta\Theta_h]^{-1/\theta}}\right]^{-k}}{1-(\tau_{lh}^{f}\tau_{hl}^{f})^{-k}} \tag{18}$$

$$\phi_{hh}^{-k-2}=\frac{2\gamma(k+1)(k+2)\ \varphi_{\min}^{-k}\ f_e}{L_h\ [\zeta\Theta_h]^{-2/\theta}}\frac{1-\left[\frac{\tau_{hl}^{f}\ [\zeta\Theta_h]^{-1/\theta}}{[\zeta\Theta_l]^{-1/\theta}}\right]^{-k}}{1-(\tau_{lh}^{f}\tau_{hl}^{f})^{-k}} \tag{19}$$

对国内临界生产率水平而言，其下限为 $\varphi_{\min}$。此外，为了保证 ϕ_{ll} 和 ϕ_{hh} 均高于最低生产率水平，必须满足：$(\tau_{lh}^{f}\tau_{hl}^{f})^{-k}<\left[\frac{\tau_{lh}^{f}\ [\zeta\Theta_l]^{-1/\theta}}{[\zeta\Theta_h]^{-1/\theta}}\right]^{-k}<1$。①

5.2.4 福利效应衡量

与梅里兹和奥塔维亚诺的研究(2008)类似，我们用实际工资水平 $\frac{W}{P}$ 来刻

---

① 这里给定的条件保证了 ϕ_{ll} 和 φ_{hh} 至少大于零。同时，该条件等价于 $(\tau_{lh}^{f})^{-1}<\frac{[\zeta\Theta_l]^{-1/\theta}}{[\zeta\Theta_h]^{-1/\theta}}<\tau_{hl}^{f}$。

画消费者福利水平。基于式(1)效用函数方程,帕累托分布下,消费者的福利水平可用下式表示:

$$W_l = 1 + \frac{1}{2\eta}\left[\alpha - \frac{[\zeta\Theta_l]^{-1/\theta}}{\phi_{ll}}\right]\left[\alpha - \frac{k+1}{k+2}\frac{[\zeta\Theta_l]^{-1/\theta}}{\phi_{ll}}\right] \qquad (20)$$

由式(20)可以看出,随着$[\zeta\Theta_l]^{-1/\theta}/\phi_{ll}$的减少,消费者的福利水平在逐步增加。进一步结合式(18)可得:

$$\left[\frac{[\zeta\Theta_l]^{-1/\theta}}{\phi_{ll}}\right]^{-k-2} = \frac{L_l}{2\gamma(k+1)(k+2)\varphi_{\min}^{-k}f_e}\frac{1-(\tau_{lh}^f\tau_{hl}^f)^{-k}}{1-\left[\tau_{lh}^f\frac{[\zeta\Theta_l]^{-1/\theta}}{[\zeta\Theta_h]^{-1/\theta}}\right]^{-k}}[\zeta\Theta_l]^{k/\theta}$$

故此,可以通过刻画进口中间投入品关税τ_{hl}^g和最终产品关税τ_{hl}^f的变化对$[\zeta\Theta_l]^{-1/\theta}/\phi_{ll}$的影响,进而来刻画两类产品关税水平的变化对消费者福利水平的影响。

对上式两边取对数并分别对国家l进口中间投入品τ_{hl}^g与最终产品关税τ_{hl}^f求导可得:

$$\Delta\log\left[\frac{[\zeta\Theta_l]^{-\frac{1}{\theta}}}{\phi_{ll}}\right] = \frac{k}{k+2}\frac{1}{1-\left[\tau_{lh}^f\frac{[\zeta\Theta_l]^{-\frac{1}{\theta}}}{[\zeta\Theta_h]^{-\frac{1}{\theta}}}\right]^{-k}}\frac{1}{\frac{T_l}{T_h}(\tau_{hl}^g)^\theta+1}\Delta\log\tau_{hl}^g$$
$$-\frac{k}{k+2}\frac{(\tau_{lh}^f\tau_{hl}^f)^{-k}}{1-(\tau_{lh}^f\tau_{hl}^f)^{-k}}\Delta\log\tau_{hl}^f \qquad (21)$$

不难发现,上式中,$\Delta\log\tau_{hl}^g$系数为正,$\Delta\log\tau_{hl}^f$系数为负。也就是说,随着中间产品关税的下降,$[\zeta\Theta_l]^{-1/\theta}/\phi_{ll}$有所降低,消费者福利水平有所改善;而随着最终产品关税的下降,$[\zeta\Theta_l]^{-1/\theta}/\phi_{ll}$有所增大,消费者福利水平发生恶化。其内在机理在于,一国最终产品关税下降,会提高企业竞争、降低企业数量,进而降低消费者的福利水平;一国中间投入品进口关税的降低,则会提升企业的生产率,进而改善消费者的福利水平。而完全竞争条件下,企业利润水平为零。此时,一国消费者福利水平即代表该国总体福利水平。也就是说,一国最终产品关税下降会恶化该国总体福利水平,而中间产品关税下降则会改善该国总体福利水平。据此,可得如下命题:

一国进口中间产品关税的下降会增加消费者福利,而进口最终产品关税下降则会降低消费者的福利水平。

5.3 数据来源及参数估计

5.3.1 数据来源

根据理论模型,在进行具体的量化分析过程中,还需要估计并得到以下几个核心参数的数值,具体包括:

(1)中美两国贸易的物理距离 τ;

(2)两国中间投入品和最终产品进口关税水平 τ_{lh}^{g}、τ_{hl}^{g}、τ_{lh}^{f}、τ_{hl}^{f};

(3)两国相对技术水平 T_l / T_h;

(4)两国中间产品的相对获取能力 Θ_l / Θ_h;

(5)参数 θ、k 等。

基于前述理论模型及所需估计参数,可知,整体所用数据主要有:

(1)中美两国关税数据,主要来自 WTO 关税数据库和WITS-TRAINS 数据库;

(2)中美两国贸易数据,主要来源于 CEPII-BACI 数据库;

(3)世界投入产出表数据,主要来自世界投入产出表数据库(WIOD)。[①]

各参数具体估计过程如下。

---

① 由于截至笔者撰稿时,WIOD 汇报的最近年份的世界投入产出表数据为 2014 年的数据,因此,我们使用 2014 年的相关数据来代表中美贸易摩擦爆发前的初始水平数据。

5.3.2 核心参数估计

沿用安德森和温库伯(Anderson and Wincoop, 2004)的研究, 令反映中间产品生产时生产率分布变化的参数 $\theta=3$。① 由帕累托分布的定义可知, 企业生产率分布的形状参数 k 满足如下公式:

$$\frac{Median}{Mean}=2^{\frac{1}{k}}\frac{k-1}{k} \tag{22}$$

式中, $Median$ 和 $Mean$ 分别表示估计所得的企业生产率的中位数和均值。具体研究中, 我们使用如下方法, 利用中国数据来估计企业生产率。

假定企业生产服从柯布-道格拉斯生产函数 $Y=\phi K^a L^b X^c$。式中, ϕ 代表企业生产率, K 表示成本投入, L 表示劳动力数量, X 代表中间投入。考虑到利用传统 OLS 估计企业生产率会存在联立性偏差和选择性偏差两类误差, 因此本文主要使用奥来和佩克斯(Olley and Pakes, 1996)的方法来估算企业生产率。② 根据勃兰特等人(Brandt et al., 2012)提供的投入品物价平减指数和产成品物价平减指数, 可以计算得出企业所用的实际劳动力和资本。

具体而言, 平减物价指数来源于勃兰特等人(2012), 而产成品平减指数则根据中国统计年鉴中的参考价格进行计算, 投入品物价平减指数则基于产成品平减物价指数和《中国国家投入-产出表》(2002)得到。③ 之后, 利用永续盘存法, 便可计算得到企业的实际性投入。同时, 我们使用企业数据库提供的企业实际折旧率来表示企业的折旧率。最后, 在具体回归过程中, 与阿米

---

① 当我们对参数 θ 给定不同的设定值时, 前述研究结论仍然成立(详见后续第四节稳健性检验部分)。

② 一些研究(Amiti and Konings, 2007; Fan et al., 2015; Feenstra et al., 2017)也使用了类似的方法来估计企业生产率。

③ 平减物价指数来源于: http://www.econ.kuleuven.be/public/N07057/CHINA/appendix/。

蒂和科宁斯（Amiti and Konings，2007）类似，我们还控制了反映企业出口状态（等于1代表该企业从事出口业务，反之为零）和进口状态（等于1表示企业从事进口业务，反之为零）的虚拟变量，以及WTO虚拟变量（等于0代表当前年份为2002年之前年份，等于1则表示当前年份为2002年及之后年份）。①基于此，可求得生产率分布的形状参数 $k = 2.28$。出于数据的可获得性，我们假定中美两国参数 k 的值相同。②

用 l 代表美国，h 代表中国，由模型可知，国家 l 的企业中间产品的获得能力可表示为 $\Theta_l = T_l + T_h (\tau_{hl}^g)^{-\theta}$，故而，两国生产中使用的进口自对方国家的中间投入品和来源于本国的中间投入品占生产中使用的总的中间投入品份额可分别表示如下：

$$\Pi_{ll} = \frac{T_l}{T_l + T_h (\tau_{hl}^g)^{-\theta}} ; \quad \Pi_{hl} = \frac{T_h (\tau_{hl}^g)^{-\theta}}{T_l + T_h (\tau_{hl}^g)^{-\theta}} \tag{23}$$

$$\Pi_{hh} = \frac{T_h}{T_h + T_l (\tau_{lh}^g)^{-\theta}} ; \quad \Pi_{lh} = \frac{T_l (\tau_{lh}^g)^{-\theta}}{T_h + T_l (\tau_{lh}^g)^{-\theta}} \tag{24}$$

其中，Π_{ll} 和 Π_{hh} 分别代表美国和中国使用的来源于国内的中间投入品占本国使用的总的中间投入品份额；Π_{hl} 和 Π_{lh} 分别代表美国从中国进口的中间产品占其本国使用的总的中间投入品份额及中国从美国进口的中间产品占中国生产中使用的总的中间产品份额。③

进一步对前述公式进行变换后可得：

$$\tau_{lh}^g \tau_{hl}^g = \left(\frac{\Pi_{lh} \Pi_{hl}}{\Pi_{hh} \Pi_{ll}} \right)^{-\frac{1}{\theta}} \tag{25}$$

---

① 樊海潮等人（Fan et al.，2015）也控制了该WTO虚拟变量。
② 许多学者在具体研究中也做了同样的假定，例如，谢和奥萨（Hsieh and Ossa，2016）在研究中国生产力增长对世界其他国家福利水平的影响时，便假定各国生产率分布的形状参数值（即 k）相同。
③ 为了与模型更为契合，同时考虑到我们主要关注的是中美贸易摩擦对中国的影响，参照樊海潮等人（2017）的相关假定，我们将中国以外的其他国家视为美国。

同卡利恩多和帕罗（Caliendo and Parro，2015）的设定类似，假定中美两国从对方国家进口的中间产品关税水平（τ_{lh}^g 和 τ_{hl}^g）的差异主要源于两国实际关税水平（t_{hl}^g 和 t_{lh}^g）间的差异，两国其余条件均类似且对称。

用物理距离 τ 表示两国除实际关税水平以外的其他差异，由于这一数值在两国间可视为相同，故而，两国进口中间产品的关税水平可分别表示如下：

$$\tau\, t_{lh}^g = \tau_{hl}^g ;\ \tau\, t_{lh}^g = \tau_{hl}^g \tag{26}$$

式中，τ 代表两国间的物理距离，$t_{lh}^g t_{hl}^g$ 分别代表中美两国从对方国家进口中间产品的实际关税水平。

此时，式(25)可改写为：

$$\tau_{lh}^g\, \tau_{hl}^g = \left(\frac{\Pi_{lh}\,\Pi_{hl}}{\Pi_{hh}\,\Pi_{ll}}\right)^{-\frac{1}{\theta}} = \tau^2\, t_{lh}^g\, t_{hl}^g \tag{27}$$

式中，中间投入品份额可通过世界投入产出表数据计算获得，中美两国实际关税水平可从 WTO 关税数据库及 WITS-TRAINS 数据库中获得，代入相关数据后，便可估计得到中美两国的物理距离 τ。①

相应地，两国进口最终产品关税满足：

$$\tau\, t_{lh}^f = \tau_{lh}^f ;\ \tau\, t_{lh}^f = \tau_{hl}^f \tag{28}$$

故而，可依次求得中美两国从对方进口的中间投入品和最终产品关税水平：τ_{lh}^g、τ_{hl}^g、τ_{lh}^f 和 τ_{hl}^f。

---

① 通过利用 HS6 与 BEC 产品分类数据对照码，可易计算得出中美两国中间投入品及最终产品实际平均进口关税。值得注意的是，一些研究（如祝坤福等，2013；刘斌等，2016；Fan et al.，2015；Manova and Yu，2016）表明，加工贸易是中国主要的贸易模式，与其他国家相比，加工贸易市场份额占比较高是中国对外贸易的一个显著特征，并且从事加工贸易的企业一般都会免征或减征一定程度的进口关税。因此，考虑加工贸易进口关税变化后会对估计结果产生一定的影响。但由于在具体分析中，我们使用的是世界投入产出表数据，而该数据并未对一般贸易和加工贸易进行区分。因此，在具体研究中，我们并未考虑加工贸易产品关税变化对福利水平的影响。

此外,由于 $\frac{\Pi_{ll}}{\Pi_{hl}} = \frac{T_l}{T_h (\tau_{hl}^g)^{-\theta}}$,故而可估计得出美中两国生产的相对技术水平 $\frac{T_l}{T_h}$;而据理论模型,美中两国中间产品获得能力满足如下条件:

$$\Theta_l = T_l + T_h (\tau_{hl}^g)^{-\theta}; \quad \Theta_h = T_h + T_l (\tau_{lh}^g)^{-\theta} \tag{29}$$

故而,可估计得出美中两国中间产品的相对获得能力:

$$\frac{\Theta_l}{\Theta_h} = \frac{T_l + T_h (\tau_{hl}^g)^{-\theta}}{T_h + T_l (\tau_{lh}^g)^{-\theta}} = \frac{1 + \frac{T_h}{T_l}(\tau_{hl}^g)^{-\theta}}{\frac{T_h}{T_l} + (\tau_{lh}^g)^{-\theta}}。$$

至此,基本获得了后续量化分析所需的所有参数值,具体如表 5-1 所示。

表 5-1 相关参数估计值

参数	含 义	估计值	参数	含 义	估计值
k	帕累托分布的位置参数	2.280 0	T_l/T_h	两国中间产品生产时的相对技术水平	1.354 4
τ	两国物理距离	2.484 5	Θ_l/Θ_h	两国企业中间产品的相对获得能力	1.321 0

注:表中 l 代表美国,h 代表中国。

5.4 基本结果与稳健性检验

5.4.1 基本结果分析

根据理论模型可知,随着 $[\zeta\Theta_l]^{-1/\theta}/\phi_{ll}$ 的减少,一国福利水平将会增加。因此可以通过刻画进口中间投入品与最终产品关税变化对 $\Delta\log([\zeta\Theta_l]^{-1/\theta}/\phi_{ll}$

的影响来评估两类产品关税变化对一国福利水平的影响。考虑到两国进口中间产品及最终产品关税变化涉及 τ_{hl}^g、τ_{lh}^g、τ_{hl}^f 和 τ_{lh}^f 四个方面,因此,重新对式(21)取对数并做全微分后,可得式(30)。结合理论模型的相关研究,式(30)值为正,表示一国福利水平发生恶化;为负,说明福利水平得到改善。

$$\Delta\log\left(\frac{[\zeta\Theta_l]^{-\frac{1}{\theta}}}{\phi_{ll}}\right) = \frac{k}{k+2} \frac{1}{1-\left[\frac{\tau_{lh}^f [\zeta\Theta_l]^{-\frac{1}{\theta}}}{[\zeta\Theta_h]^{-\frac{1}{\theta}}}\right]^{-k}} \frac{1}{\frac{T_l}{T_h}(\tau_{hl}^g)^\theta+1} \Delta\log\tau_{hl}^g$$

$$-\frac{k}{k+2} \frac{(\tau_{lh}^f \tau_{hl}^f)^{-k}}{1-(\tau_{lh}^f \tau_{hl}^f)^{-k}} \Delta\log\tau_{hl}^f$$

$$-\frac{k}{k+2} \frac{(\tau_{lh}^f \tau_{hl}^f)^{-k}}{1-(\tau_{lh}^f \tau_{hl}^f)^{-k}} \Delta\log\tau_{lh}^f$$

$$+\frac{k}{k+2} \frac{\left[\frac{\tau_{lh}^f [\zeta\Theta_l]^{-\frac{1}{\theta}}}{[\zeta\Theta_h]^{-\frac{1}{\theta}}}\right]^{-k}}{1-\left[\frac{\tau_{lh}^f [\zeta\Theta_l]^{-\frac{1}{\theta}}}{[\zeta\Theta_h]^{-\frac{1}{\theta}}}\right]^{-k}} \Delta\log\tau_{lh}^f$$

$$-\frac{k}{k+2} \frac{\left[\frac{\tau_{lh}^f [\zeta\Theta_l]^{-\frac{1}{\theta}}}{[\zeta\Theta_h]^{-\frac{1}{\theta}}}\right]^{-k}}{1-\left[\frac{\tau_{lh}^f [\zeta\Theta_l]^{-\frac{1}{\theta}}}{[\zeta\Theta_h]^{-\frac{1}{\theta}}}\right]^{-k}} \frac{1}{\frac{T_h}{T_l}(\tau_{lh}^g)^\theta+1} \Delta\log\tau_{lh}^g$$

(30)

进一步对式(30)进行分析可以发现,除关税变化外,一国福利水平变化主要取决于以下几项的大小和变化:

(1) $\left[\frac{\tau_{lh}^f [\zeta\Theta_l]^{-\frac{1}{\theta}}}{[\zeta\Theta_h]^{-\frac{1}{\theta}}}\right]^{-k}$,其大小及变化取决于两国中间产品的相对获取能

力 $\frac{\Theta_l}{\Theta_h}$ 及对方国家进口最终产品的初始关税水平 τ_{lh}^f;

(2) $\dfrac{1}{\dfrac{T_l}{T_h}(\tau_{hl}^g)^\theta + 1} = \dfrac{T_h(\tau_{hl}^g)^{-\theta}}{T_l + T_h(\tau_{hl}^g)^{-\theta}}$,即一国中间产品的进口份额,其大小及变化取决于两国的相对技术水平 $\dfrac{T_l}{T_h}$ 及该国进口中间投入品的初始关税水平 τ_{hl}^g;

(3) $(\tau_{lh}^f \tau_{hl}^f)^{-k}$,即两国进口最终产品初始关税水平的乘积。

给定两国进口中间投入品和最终产品的初始进口关税水平,式(30)中,两国第二项和第三项的数值一致且可视为常数;此时,式(30)的大小及变化主要取决于式中第一、三、五项的大小及变化,且这三项的值均与两国中间产品的进口有关。

根据前述理论模型及参数估计结果可知,由于相对中国而言,美国拥有较高的技术水平(即 $T_l / T_h > 1$),因此美国 $1 / \left[\dfrac{T_l}{T_h}(\tau_{hl}^g)^\theta + 1 \right]$ 的值较小。故式(30)中,中国第一项数值的绝对值要大于美国,而美国第五项数值的绝对值则要大于中国。不同于第四章有关标准贸易理论的讨论①,笔者预期,中美贸易摩擦爆发后,受中间品贸易的影响,中美两国福利水平均会发生恶化。

此外,系列文献研究表明,中国从事出口业务及具有比较优势和竞争力的企业多为制造业企业(Chen et al.,2012;吕越等,2015),且中国制造业的快速发展在很大程度上也得益于中国深度地融入全球价值链的国际分工体系(Gereffi and Lee,2012;刘维林等,2014)。因此,在具体研究过程中,我们主要针对制造业样本来进行分析。② 根据世界投入产出表行业分类码与ISIC-2

---

① 根据标准贸易理论,美国单方面发动贸易摩擦后,美国福利水平会发生改善,而中国福利水平则会发生恶化。

② 如前所述,出于数据的原因,本书在具体研究中并不能也并未考虑加工贸易产品关税变化对福利水平的影响。

分位行业代码的匹配码,我们将研究样本集中在国际投入产出表数据中的18个ISIC制造业行业,结合前述参数估计及量化分析方法,对两种情形下中美两国的福利水平变化进行估计后的结果见表5-2。

由标准贸易理论可知,美国进口关税增加会导致美国进口减少,由于美国是大国,其进口产品价格和数量的变化会进一步影响该产品在世界市场上的价格,进而使该种商品的世界价格有所下跌,美国进口产品价格发生下降,美国整体贸易条件变好。① 因此理论上来说,美国单方面加征进口关税,会使本国贸易条件得到改善。然而如表5-2所示,本书的量化估计结果表明,美国单方面加征进口关税后,其福利水平发生了轻微的恶化;且具体分析来看,其福利水平的恶化主要由式(30)第一项(表5-2第四列),即中间产品关税增加所致。

表5-2 制造业行业下中美两国福利变化估计结果

		福利变化	第一项	第二项	第三项	第四项	第五项
单边情形	美国	0.004 5	0.005 6	-0.001 1	0.000 0	0.000 0	0.000 0
	中国	0.009 0	0.000 0	0.000 0	-0.001 1	0.010 6	-0.000 5
双边情形	美国	0.015 8	0.005 6	-0.001 1	-0.001 0	0.013 3	-0.000 9
	中国	0.016 1	0.008 1	-0.001 0	-0.001 1	0.010 6	-0.000 5

注:表中单边情形指的是美国单方面对从中国进口的最终产品和中间产品加征25%的进口关税,双边情形则指的是中美两国贸易摩擦全面展开,两国均对其从对方国家进口的中间产品和最终产品加征25%的进口关税;下同。

结合前述理论分析,一国进口中间产品关税增加,该国福利水平降低;进口最终产品关税增加,该国福利水平得以改善。与理论模型的预期相符(如表5-2第一行所示)。当美国单方面提高其进口中间产品关税时,会恶化美

---

① 参见 Paul R. Krugman, Maurice Obstfeld, Marc Melitz, *International Economics: Theory and Policy*, 9th Edition,贸易条件指的是一国出口价格指数与进口价格指数之比。但值得注意的是,这一价格指数为外部价格指数,即剔除关税价格后的价格指数。

国福利水平,而进口最终产品关税增加时,其福利水平则有所改善。而相较最终产品,美国进口中间产品的份额更大。因此,当进口中间产品和最终产品关税均提高后,中间产品关税增加对福利水平的影响会更大。故而,不同于标准贸易理论,受中间品贸易的影响,当美国单方面对进口自中国的产品加征进口关税后,其福利水平会发生恶化。

5.4.2 稳健性检验

5.4.2.1 考虑农产品

根据此次中美贸易摩擦中两国公布的对对方国家加征关税产品清单,可以发现,除前述所提制造业行业外,中国公布的对美国加征关税产品清单中,尤为突出的一项为大豆等农产品行业。为此,我们在该部分将农产品纳入研究样本中,利用前述方法重新对相关参数及福利变化结果进行了估计(见表5-3)。

表 5-3 稳健性检验 1:考虑农产品等行业

		福利变化	第一项	第二项	第三项	第四项	第五项
单边情形	美国	0.004 0	0.005 1	-0.001 0	0.000 0	0.000 0	0.000 0
	中国	0.008 6	0.000 0	0.000 0	-0.001 0	0.010 0	-0.000 4
双边情形	美国	0.015 4	0.005 1	-0.001 0	-0.001 0	0.013 3	-0.000 9
	中国	0.015 5	0.007 9	-0.001 0	-0.001 0	0.010 0	-0.000 4

结合前述研究,当我们把包括农产品在内的农林渔牧业等行业纳入考量范围后,前述结论仍然成立:

(1)与理论模型的预期相符(如表5-3第一行所示),美国进口中间产品关税提高,会恶化其福利水平,而进口最终产品关税增加,其福利水平则会有所改善;

(2)整体来说,受中间品贸易的影响,中美两国爆发贸易摩擦后,两国福利水平均会进一步恶化。

5.4.2.2 考虑不同参数值

由第三节相关研究可知,除参数 θ 的值来自文献外,其余参数值均由数据估计所得,因此,不同 θ 值的大小可能对前文所得结论产生影响。在该部分中,我们汇报了不同参数 θ 值设定下的不同估计结果,以进一步验证研究结论的稳健性。

参照伊顿和科图姆(2002)、安德森和温库伯(2004)、樊海潮等人(2017)及其他研究,我们分别汇报了 $\theta=3.6$ 和 $\theta=5$ 两种不同情况下福利变化的估计值(见表5-4)。① 如表5-4所示,对参数 θ 采取不同的赋值时,前文所得结论依然成立。与模型预期一致,美国进口中间产品关税增加会恶化其福利水平,进口最终产品关税降低则会改善其福利水平。中美两国贸易摩擦进一步升级后,两国福利水平均会发生恶化。②

表5-4 稳健性检验2:考虑不同参数 θ 值

		福利变化	第一项	第二项	第三项	第四项	第五项
		$\theta=5$					
单边情形	美国	0.000 0	0.006 7	-0.006 6	0.000 0	0.000 0	0.000 0
	中国	0.023 7	0.000 0	0.000 0	-0.006 6	0.031 7	-0.001 4
双边情形	美国	0.026 8	0.006 7	-0.006 6	-0.006 2	0.035 5	-0.002 5
	中国	0.027 0	0.009 5	-0.006 2	-0.006 6	0.031 7	-0.001 4

---

① 具体研究中,伊顿和科图姆(2002)使用的 θ 值分别为 3.6、8.28、12.86;安德森和温库伯(2004)使用的 θ 值分别为 3、5、8。此处,我们分别汇报了 $\theta=3.6$、$\theta=5$ 和 $\theta=8$ 三种不同赋值下的结果,基本囊括了这些学者研究中所使用的 θ 值变化区间。考虑到文章篇幅及行文美观的关系,此处仅汇报前两种情况的结果。前述研究结果仍然成立,即两国福利水平均会发生恶化。

② 如表5-4注释所示,由于表中数据仅保留了小数点后4位,故而表5-4中,当 $\theta=5$ 时,尽管单边情形下,美国福利水平的变化值为 0.000 0,实际上,美国福利水平的变化值为 0.000 044 8,即单边情形下,当美国单方面加征进口关税后,美国整体福利水平发生了恶化。

(续表)

		福利变化	第一项	第二项	第三项	第四项	第五项
		$\theta = 3.6$					
单边情形	美国	0.003 6	0.005 9	−0.002 3	0.000 0	0.000 0	0.000 0
	中国	0.013 4	0.000 0	0.000 0	−0.002 3	0.016 4	−0.000 7
双边情形	美国	0.019 7	0.005 9	−0.002 3	−0.002 2	0.019 6	−0.001 4
	中国	0.019 7	0.008 5	−0.002 2	−0.002 3	0.016 4	−0.000 7

注：表中所汇报结果为保留小数点后四位的结果。事实上，当 $\theta = 3.6$ 时，双边情形下，美国福利水平的变化值为 0.019 684 87，中国福利水平的变化值则为 0.019 691 99；当 $\theta = 5$ 时，单边情形下，美国福利水平的变化值为 0.000 044 8。

5.4.3 后续分析

由于产品出口价格及出口成本加成也会影响消费者的福利水平，因此，我们对两国平均出口价格及平均出口成本加成也进行了类似的衡量和估计，以进一步支撑前文研究所得的基本结论。

根据理论模型，国家 l 出口到国家 h 的平均出口价格和平均出口成本加成可分别表示为：

$$\bar{p}_{lh} = \frac{2k+1}{2(k+1)} \frac{\tau_{lh}^f [\zeta \Theta_l]^{-1/\theta}}{\phi_{lh}} = \frac{2k+1}{2(k+1)} \times \tau_{lh}^f \times \frac{[\zeta \Theta_l]^{-1/\theta}}{\phi_{ll}} \times \frac{\phi_{ll}}{\phi_{lh}} \quad (31)$$

$$\bar{\mu}_{lh} = \frac{1}{2(k+1)} \frac{\tau_{lh}^f [\zeta \Theta_l]^{-1/\theta}}{\phi_{lh}} = \frac{1}{2(k+1)} \times \tau_{lh}^f \times \frac{[\zeta \Theta_l]^{-1/\theta}}{\phi_{ll}} \times \frac{\phi_{ll}}{\phi_{lh}} \quad (32)$$

对式(31)左右两边取对数并做全微分后可得：

$$\Delta \log \bar{p}_{lh} = -\frac{k}{k+2} \frac{(\tau_{hl}^g)^{-\theta}}{\frac{T_l}{T_h} + (\tau_{hl}^g)^{-\theta}} \left\{ 1 + \frac{(\tau_{lh}^f)^{-k} \left(\frac{\Theta_l}{\Theta_h}\right)^{\frac{k}{\theta}}}{1 - (\tau_{lh}^f)^{-k} \left(\frac{\Theta_l}{\Theta_h}\right)^{\frac{k}{\theta}}} + \frac{(\tau_{lh}^f)^{-k} \left(\frac{\Theta_h}{\Theta_l}\right)^{\frac{k}{\theta}}}{1 - (\tau_{lh}^f)^{-k} \left(\frac{\Theta_h}{\Theta_l}\right)^{\frac{k}{\theta}}} \right\} \log \tau_{hl}^g.$$

$$+\frac{k}{k+2}\frac{(\tau_{lh}^g)^{-\theta}}{\frac{T_h}{T_l}+(\tau_{lh}^g)^{-\theta}}\left\{1+\frac{(\tau_{lh}^f)^{-k}\left(\frac{\Theta_l}{\Theta_h}\right)^{\frac{k}{\theta}}}{1-(\tau_{lh}^f)^{-k}\left(\frac{\Theta_l}{\Theta_h}\right)^{\frac{k}{\theta}}}+\frac{(\tau_{hl}^f)^{-k}\left(\frac{\Theta_h}{\Theta_l}\right)^{\frac{k}{\theta}}}{1-(\tau_{hl}^f)^{-k}\left(\frac{\Theta_h}{\Theta_l}\right)^{\frac{k}{\theta}}}\right\}\Delta\log\tau_{lh}^g$$

$$-\frac{k}{k+2}\frac{(\tau_{lh}^f)^{-k}\left(\frac{\Theta_l}{\Theta_h}\right)^{\frac{k}{\theta}}}{1-(\tau_{lh}^f)^{-k}\left(\frac{\Theta_l}{\Theta_h}\right)^{\frac{k}{\theta}}}\Delta\log\tau_{lh}^f+\frac{k}{k+2}\frac{(\tau_{hl}^f)^{-k}\left(\frac{\Theta_h}{\Theta_l}\right)^{\frac{k}{\theta}}}{1-(\tau_{hl}^f)^{-k}\left(\frac{\Theta_h}{\Theta_l}\right)^{\frac{k}{\theta}}}\Delta\log\tau_{hl}^f$$

$$+\Delta\log([\zeta\Theta_l]^{-\frac{1}{\theta}}/\phi_{ll}) \tag{33}$$

不难发现,与式(30)类似,除两国初始中间产品和最终产品关税水平外,一国企业产品的平均出口价格变化也主要由两国进口自对方国家的中间产品份额 $\frac{T_h(\tau_{hl}^g)^{-\theta}}{T_l+T_h(\tau_{hl}^g)^{-\theta}}$ 及两国中间产品的相对获取能力 $\frac{\Theta_l}{\Theta_h}$ 有关。[①]

表 5-5 两国平均出口价格变化情况

		福利变化	第一项	第二项	第三项	第四项	第五项
单边情形	美国	0.009 0	-0.006 1	0.000 0	0.000 0	0.010 6	0.004 5
	中国	0.004 5	0.000 0	0.006 1	-0.010 6	0.000 0	0.009 0
双边情形	美国	0.016 1	-0.006 1	0.009 0	-0.013 3	0.010 6	0.015 8
	中国	0.015 8	-0.009 0	0.006 1	-0.010 6	0.013 3	0.016 1

如表 5-5 结果所示,无论是单边情形下美国单方面对进口自中国的产品加征进口关税,还是双边情形下两国均对其进口自对方国家的产品加征进口关税,两国企业的平均出口价格均有所提高。

其原因主要有以下两个方面。

[①] 对比式(31)与式(32)可以发现,企业平均出口成本加成变化的分解与企业平均出口价格变化的分解是一致的,故本书仅汇报了企业平均出口价格变化的估计结果。

(1) 进口中间产品往往被用于企业生产,进口中间产品关税的提高会进一步提高进口国企业的生产成本,故而,反映在产品出口价格方面即为企业出口产品价格的提高。同时,第一节典型事实的研究也表明,中美两国进口产品中,中间产品进口均占更大份额,因此,中美贸易摩擦下,尽管两国最终产品的进口关税也有所提高,但由中间产品进口关税增加所引致的成本效应占优,故而两国平均出口价格均有所提高。①

(2) 以美国为例,当美国单方面对进口自中国的产品加征关税后,中国出口到美国的企业需要支付更高的出口成本才能将产品销往美国市场,根据梅里兹的研究(2003),原先从事对美出口业务的中国企业中,部分生产率较低的企业会退出出口市场,进而导致中国出口到美国的平均出口价格有所增加。同理,当中美贸易摩擦升级,两国对来自对方国家的产品均加征25%的进口关税后,两国平均出口价格便均会有所提高。②

小结

通过在梅里兹和奥塔维亚诺(2008)的基础上融入企业进口中间产品行为,本章在理论层面讨论了进口中间产品和最终产品关税变化对一国福利水平的影响。基于理论模型的研究,我们具体以2018年中美两国贸易摩擦为研究背景,利用量化分析方法,探讨了中美贸易摩擦对两国福利水平的影响。研究表明:同理论预期相符,当美国单方面提高其进口中间产品关税时,会恶

---

① 德洛克和戈登伯格(De Loecker and Goldberg,2014)的研究表明,中间产品和最终产品的关税下降对企业出口绩效表现的影响存在较大的差异。中间产品关税下降时,由于企业生产用原材料价格的下降会进一步降低企业的生产成本,进而降低企业的出口产品价格;而最终产品关税下降,则会通过竞争效应,使得企业出口产品价格有所增加。

② 此外,值得注意的是,两种情形下,美国出口到中国的平均出口价格均要大于中国出口到美国的平均出口价格。换言之,中国从美国进口产品的价格更高,因此中国消费者福利水平的恶化程度会更高。而这一结果与前文所得结论是相契合的。

化其福利水平,而提高进口最终产品关税时,其福利水平则会有所改善;同时,受中间品贸易的影响,中美两国发生贸易摩擦时,两国福利水平均会发生恶化。

本研究从中间产品贸易自由化和量化分析的角度,提供了有关中美贸易摩擦研究方面的新视角,同时也进一步论证了贸易自由化的积极影响。基于研究结果,我们提出以下建议。

(1) 中国应继续降低中间投入品(包括资本品和中间产品)关税水平,促进国内企业的生产率提高,同时要对最终产品实施一定的关税限制,以减少国内同类型企业所面临的竞争,进而从整体上改善中国的福利水平。本书理论模型与量化分析的研究均表明:一国进口中间投入品关税降低,会改善该国福利水平,而进口最终产品关税降低,则会恶化该国福利水平。也就是说,中国在加大对外开放力度和关税减免力度的同时,要注意实施差异化关税策略,对不同类产品的关税施行不同的减免政策,尤其要注重降低中间产品的关税水平。

(2) 中国应继续坚持贸易自由化,推动构建全面开放的新格局,促进整体福利水平提升。根据本书理论模型及量化分析的研究,施行贸易自由化措施可以提高一国的福利水平,而贸易保护行为则会恶化一国的整体福利水平。这一结果,进一步证明了中国坚持40多年改革开放战略的正确性。正如党的十九大报告中所彰显的精神,开放带来进步,封闭必然落后。可以预见,全球化始终且必然是未来人类共同繁荣、进步、发展的终极方向;中国应继续促进开放,真正享受贸易自由化带来的丰厚成果。

(3) 各方应通过协商及谈判的方式,而非罔顾 WTO 规则与全球经济的长期发展,通过单边途径及贸易保护主义解决双边及多边贸易问题。毫无疑问,美国单方面挑起贸易摩擦的行为,不仅有违 WTO 双边及多边贸易规则与协定,还进一步加剧了逆全球化态势。本书量化分析结果表明,无论是美国单方面发动贸易摩擦提高对中国的进口产品关税,还是两国全面爆发贸易摩擦,中美两国福利水平均会发生恶化。贸易封闭及贸易保护主义的结果是两败俱伤,自由化才是改善各国福利水平的正途。各国应继续坚持贸易自由化,坚持通过平等协商的方式解决贸易争端,真正实现互利共赢,推动促进构建人类命运共同体。①

---

① 本章内容改编自与张丽娜合作发表于《中国工业经济》2018年第9期论文《中间品贸易与中美贸易摩擦的福利效应:基于理论与量化分析的研究》。为使文章通俗易读,对原文略作了修改。

结　语

过去的一年间,国际经贸领域内最为热点的事件之一,无疑是中美两国间的贸易摩擦。毫无疑问,贸易全球化及贸易自由化仍是当今世界发展的主要潮流趋势,但不可否认,伴随着更多新兴市场国家及主要发展中国家的崛起,国家及地区间的经贸摩擦将愈发频繁。这也使得我们对中美贸易摩擦的研究具有了更大的启示意义。

本书是在笔者以往研究的基础上整理而成的。全书首先从中美两国的关税结构入手,对两国关税结构的异同进行了较为细致的分析;之后在两国关税结构差异的基础上,从中间品贸易的角度,量化分析了中间品贸易在此次两国贸易摩擦中的作用及影响。同时对此次中美贸易摩擦的发展历程、中美企业可能受到的潜在影响及应对策略也做了简要分析。全书基本为读者构建并描绘了中美两国的关税架构与贸易摩擦的演进脉络。

限于时间的关系,有关关税收入、市场结构、劳动力市场等更为现实的问题,并没有纳入本书的研究范畴,这些问题都将留待笔者在本书后续版本中做进一步的研究与呈现。随着现代贸易的发展,国与国之间的贸易早已超越了国家间的商品交换,生产要素本身及蕴含在商品间的生产要素的交换逐步受到更为密切的关注。其中,尤以有关劳动力市场方面冲击的研究最为突出。这也在一定程度上成为中美两国贸易摩擦的学术焦点。例如,奥特尔、多恩和汉森(Autor, Dorn and Hanson, 2013)的研究认为,来自中国低廉的制造业商品所带来的贸易冲击使得美国制造业就业人数大幅下降,福利水平损失巨大;因此,美国政府应该增加中国商品的关税,进而有利于增加美国就业、增进美国福利。而中国一些学者(Wang, Wei Yu et al., 2018)在考虑了供应链存在的情况下进行研究后则发现,中国迅猛发展的贸易会使得美国总的就业人数显著增加。换言之,美国增加中国商品的关税,很可能并不会使其就业市场受益；反而可能由于生产上下游及价值链的传导即下游效应的存在使得成本上升对就业市场导致更大规模的负面影响，结合增加关税导致的物价上涨，将进一步损失消费者的利益，降低美国的福利水平。

当然，这些问题的研究需要更加贴合现实的模型假定以及更为丰富的研究数据支撑，研究结果的启示意义也更具现实及政策性。这些都将留待笔者做后续深化的研究。

参考文献

［1］保罗·克鲁格曼.国际经济学:理论与政策(第八版),中国人民大学出版社,2012.

［2］樊海潮,张丽娜.中间品贸易与中美贸易摩擦的福利效应:基于理论与量化分析的研究.中国工业经济,2018(9):41-59.

［3］刘斌,魏倩,吕越,祝坤福.制造业服务化与价值链升级.经济研究,2016(3):151-162.

［4］刘海云,吴韧强.关税结构的政治经济学解释——基于"保护待售模型"的博弈分析,经济学(季刊),2007(7):345-358.

［5］刘维林,李兰冰,刘玉海.全球价值链嵌入对中国出口技术复杂度的影响.中国工业经济,2014(6):83-95.

［6］吕越,罗伟,刘斌.异质性企业与全球价值链嵌入:基于效率和融资的视角.世界经济,2015(8):29-55.

［7］余淼杰.中国的贸易自由化与制造业企业生产率:来自企业层面的实证分析.经济研究,2010(12):97-110.

［8］周华,李飞飞,赵轩,李品芳.非等间距产业上游度即贸易上游度测算方法得设计及应用,数量经济技术经济研究,2016(6):128-143.

［9］祝坤福,陈锡康,杨翠红.中国出口的国内增加值及其影响因素分析.国际经济评论,2013(4):116-127.

［10］Alvarez, F. and R. E. Lucas, Jr., *General Equilibrium Analysis of the*

Eaton-Kortum Model of International Trade. *Journal of Monetary Economics*, 2007, 54(6): 1726-1768.

[11] Amiti, M., and A. K. Khandelwal, Import Competition and Quality Upgrading. *Review of Economics and Statistics*, 2013, 95(2): 476-490.

[12] Amiti, M., and J. Konings, Trade Liberalization, Intermediate Inputs, and Productivity: Evidence from Indonesia. *American Economic Review*, 2007, 97(5): 1611-1638.

[13] Anderson, J. E., and E. V. Wincoop, Trade Costs. *Journal of Economic Literature*, 2004, 42(3): 691-751.

[14] Anderson, J. and P. Neary, Welfare Versus Market Access: The Implications of Tariff Structure for Tariff Reform. *Journal of International Economics*, 2007, 71: 187-205.

[15] Antras, P. Firms, Contracts, and Trade Structure, *Quarterly Journal of Economics*, 2003, 118: 1375-1418.

[16] Antras, P. and Davin Chor, Organizing the Global Value Chain. *Econometrica*, 2012, 81(6): 2127-2204.

[17] Antras, P. D. Chor, T. Fally, and Russel Hillberry, Measuring the Upstreamness of Production and Trade Flows. *American Economic Review: Papers & Proceedings*. 2012, 102(3): 412-416.

[18] Antràs, P., T. C. Fort, and F. Tintelnot, The Margins of Global Sourcing: Theory and Evidence from U.S. Firms. *American Economic Review*, 2017, 107(9): 2514-2564.

[19] Armington, P., A Theory of Demand for Products Distinguished by Place of Production. IMF Staff Papers, 1969, 16: 159-176.

[20] Autor, D., D. Dorn, and G. Hanson, The China Syndrome: Local Labor Market Effects of Import Competition in the United States,

American Economic Review, 2013, 103(6), 2121-2168.

[21] Balassa, B. Tariff Protection in Industrial Countries: An Evaluation. *Journal of Political Economy*, 1965, 73(6): 575-594.

[22] Bas, M., Input-Trade Liberalization and Firm Export Destinations: Evidence from Argentina. *Journal of Development Economics*, 2012, 97(2): 481-493.

[23] Bas, M. and V. Strauss-Kahn, Input-Trade Liberalization, Export Prices and Quality Upgrading. *Journal of International Economics*, 2015, 95(2): 250-262.

[24] Brainard, S. L., An Empirical Assessment of the Proximity-Concentration Trade-off between Multinational Sales and Trade. *American Economic Review*, 1997, 87: 520-544.

[25] Brandt, L., J. Van Biesebroeck. and Y. F. Zhang. Creative Accounting or Creative Destruction? Firm-Level Productivity Growth in Chinese Manufacturing. *Journal of Development Economics*, Elsevier, 2012, 97(2): 339-351.

[26] Caliendo, L. and F. Parro, Estimates of the Trade and Welfare Effects of NAFTA, *The Review of Economic Studies*, 2015, 82(1): 1-44.

[27] Caves, R. E., Models of Political Choice: Canada's Tariff Structure. *The Canadian Journal of Economics*, 1976, 9(2): 278-300.

[28] Chen, B. and Y. Feng, Openness and trade policy in China: An industrial analysis. *China Economic Review*, 2000, 11: 323-341.

[29] Chen, X. K., L. K. Cheng, K. C. Fung, L. J. Lau, Y. W. Sung, K. F. Zhu, C. Yang, J. Pei, and Y. Duan, Domestic Value Added and Employment Generated by Chinese Exports: A Quantitative Estimation. *China Economic Review*, 2012, 3(4), 850-864.

[30] Clark.D., Protection and Developing Country Export: The Case of

Vegetable Oils. *Journal of Economic Studies*, 1985, 12(5): 3-18.

[31] Cohen, W. M. and S. Klepper, The Anatomy of Industry R&D Intensity Distributions, *American Economic Review*, 1992, 82: 773-799.

[32] Corden. W. M., The Structure of a Tariff System and the Effective Protection Rate. *Journal of Political Economy*, 1966, 74(3): 221-238.

[33] De Loecker, J. and P. K. Goldberg, Firm Performance in A Global Market. *Annual Review of Economics*, 2014, 6(1): 201-227.

[34] Di Giovanni, J., A. A. Levchenko, and J. Zhang, The Global Welfare Impact of China: Trade Integration and Technological Change. *American Economic Journal: Macroeconomics*, 2014, 6(3): 153-183.

[35] Eaton, J. and S. Kortum, Technology, Geography, and Trade. *Econometrica*, 2002, 70(5): 1741-1779.

[36] Fan, H., E. Lai, and S. Qi, Trade Liberalization and Firm's Export Performance in China: Theory and Evidence. Cesifo Working Paper, 2017.

[37] Fan, H., Y. A. Li, and S. Yeaple, Trade Liberalization Quality and Export Prices. *Review of Economics and Statistics*, 2015, 97(5): 1033-1051;

[38] Fan, H., X. Gao, Y. A. Li, and T. A. Luong, Trade Liberalization and Markups: Micro Evidence from China. *Journal of Comparative Economics*, 2017, 5(50): 1-28.

[39] Fally, T., On the Fragmentation of Production in the U.S. Working Paper. 2011.

[40] Feenstra, R. C., New Product Varieties and the Measurement of International Prices. *The American Economic Review*, 1994, 84:

157-177.

[41] Feenstra, R. C., *Product Variety and the Gains from International Trade*, Cambridge MIT Press. 2010.

[42] Feenstra, R. C., J. R. Markusen, and W. Zeile, Accounting for Growth with New Inputs: Theory and Evidence. *American Economic Review*, 1992, 82(2): 418-421.

[43] Feenstra, R. C., Z. Li, and M. J. Yu, Exports and Credit Constraints under Incomplete Information: Theory and Evidence from China. *Journal of Finance and Economics*, 2017, 96(4): 729-744.

[44] Feng, L., Z. Li, and D. L. Swenson, The Connection between Imported Intermediate Inputs and Exports: Evidence from Chinese Firms. *Journal of International Economics*, 2012, 101: 86-101.

[45] Finger, J. M., and A. J. Yeats, Effective Protection by Transportation Costs and Tariffs: A Comparison of Magnitudes. *Quarterly Journal of Economics*, 1976, 90(1): 169-176.

[46] Fukushima, T., Tariff Structure, Nontraded Goods and Theory of Piecemeal Policy Recommendations. *International Economic Review*, 1979, 20 (2): 427-435.

[47] Gereffi, G., and J. Lee, Why the World Suddenly Cares about Global Supply Chain. *Journal of Supply Chain Management*, 2012, 48(1): 24-32.

[48] Goldberg, P. K., A. K. Khandelwal, N. Pavcnik, and P. Topalova. Imported Intermediate Inputs and Domestic Product Growth: Evidence from India. *The Quarterly Journal of Economics*, 2010, 125 (4): 1727-1767.

[49] Gopinath, G., and B. Neiman, Trade Adjustment and Productivity in Large Crises. *American Economic Review*, 2014, 104(3): 793-831.

[50] Halpern, L., M. Koren, and A. Szeidl, Imported Inputs and Productivity. *American Economic Review*, 2015, 105(12): 3660-3703.

[51] Hatta, T., Theory of Piecemeal Policy Recommendations. *Review of Economic Studies*, 1977, 44: 1-22.

[52] Hecht, J. E., Impacts of Tariff Escalation on the Environment: Literature Review and Synthesis. *World Development*, 1997, 25(10): 1701-1716.

[53] Hsieh, C. T., and R. Ossa, A Global View of Productivity Growth in China. *Journal of International Economics*, 2016. 102: 209-224.

[54] Johnson, R., and G. Noguera. Fragmentation and Trade in Value Added over Four Decades. NBER Working Paper, 2012.

[55] Ju, J. and X. Yu, Productivity, Profitability, Production and Export Structures along the Value Chain in China. *Journal of Comparative Economics*, 2015, 43: 33-54.

[56] Kasahara, H., and J. Rodrigues, Does the Use of Imported Intermediates Increase Productivity? Plant-level Evidence. *Journal of Development Economics*, 2008, 87(1): 106-118.

[57] Koopman. R., Z. Wang, and S. J. Wei, Tracing Value Added and Double Counting in Gross Exports. *American Economic Review*, 2014, 104(2): 459-494.

[58] Krugman, P. R., M. Obstfeld, and M. J. Melitz, *International Economics: Theory and Policy (9th Edition)*. Boston: Pearson Pearson Education Inc, 2012.

[59] Kugler, M. and E. Verhoogen, Prices, Plant Size, and Product Quality, *Review of Economic Studies*, 2012, 79: 307-339.

[60] Leonard, W. N. Research and Development in Industrial Growth. *Journal of Political Economy*, 1971, 79 (2): 232-256.

[61] Manova, K., and Z. Yu, How Firms Export: Processing vs. Ordinary Trade with Financial Frictions. *Journal of International Economics*, 2016, 100: 120-137.

[62] Melitz, M. J., The Impact of Trade on Intra-Industry Reallocations and Aggregate Industry Productivity. *Econometrica*, 2003, 71(6): 1695-1725.

[63] Melitz, M. J., and G. Ottaviano, Market Size, Trade, and Productivity. *Review of Economic Studies*, 2008, 75: 295-316.

[64] McKinnon, R. I., *The Order of Economic Liberalization: Financial Control In The Transition To A Market Economy*. Baltimore: The Johns Hopkins University Press, 1991.

[65] Nunn, Nathan and Daniel Trefler, The Structure of Tariffs and Long Term Growth, *American Economic Journal: Macroeconomics*, 2010, 158-194.

[66] Olley, S. and A. Pakes, The Dynamics of Productivity in the Telecommunications Equipment Industry. *Econometrica*, 1996, 64, 1263-1298.

[67] Ossa, R., Trade Wars and Trade Talks with Data, *American Economic Review*, 2014, 104(12): 4104-4146.

[68] Rodriguez, P., *Essays in International Trade and Political-Economy*, Princeton University, 1998.

[69] Sutton, John, *Technology and Market Structure: Theory and History*, Cambridge MIT Press, 1998.

[70] Tarr, D., O. Shepotylo, and T. Koudoyarov, The Structure of Import Tariffs in Russia: 2001 – 2003. The World Bank Policy Research Working Paper Series. 2005.

[71] Wang, Z., S. Wei, X. Yu and K. Zhu, Re-examining the Effects of

Trading with China on Local Labor Markets: A Supply Chain Perspective, 2018, NBER Working Papers 24886.

[72] Yu, M. J., Processing Trade, Firms Productivity, and Tariff Reductions: Evidence from Chinese Products. *Economic Journal*, 2015, 125(585): 943-988.

附表1　HS2分位章目商品名称及编码对照

HS2分位码	HS分类	分类明细
第一类目		活动物,动物产品
1	第一章目	活动物
2	第二章目	肉及食用杂碎
3	第三章目	鱼、甲壳动物、软体动物及其他水生无脊椎动物
4	第四章目	乳品,蛋品,天然蜂蜜,其他食用动物产品
5	第五章目	其他动物产品
第二类目		植物产品
6	第六章目	活树及其他活植物,鳞茎、根及类似品,插花及装饰用簇叶
7	第七章目	食用蔬菜、根及块茎
8	第八章目	食用水果及坚果,柑橘属水果或甜瓜的果皮
9	第九章目	咖啡、茶、马黛茶及调味香料
10	第十章目	谷物
11	第十一章目	制粉工业产品,麦芽,淀粉,菊粉,面筋
12	第十二章目	含油子仁及果实,杂项子仁及果实,工业用或药用植物,稻草、秸秆及饲料
13	第十三章目	虫胶,树胶,树脂及其他植物液、汁

（续表）

HS2 分位码	HS 分类	分 类 明 细
14	第十四章目	编结用植物材料,其他植物产品
	第三类目	动植物油、脂及其分解产品;精制的食用油脂;动植物蜡
15	第十五章目	动植物油、脂及其分解产品;精制的食用油脂;动植物蜡
	第四类目	食品,饮料,酒及醋,烟草、烟草及烟草代用品的制品
16	第十六章目	肉、鱼、甲壳动物、软体动物及其他水生无脊椎动物的制品
17	第十七章目	糖及糖食
18	第十八章目	可可及可可制品
19	第十九章目	谷物、粮食粉、淀粉或乳的制品,糕饼点心
20	第二十章目	蔬菜、水果、坚果或植物其他部分的制品
21	第二十一章目	杂项食品
22	第二十二章目	饮料、酒及醋
23	第二十三章目	食品工业的残渣及废料,配制的动物饲料
24	第二十四章目	烟草、烟草及烟草代用品的制品
	第五类目	矿产品
25	第二十五章目	盐;硫黄;泥土及石料,石膏料、石灰及水泥
26	第二十六章目	矿砂、矿渣及矿灰
27	第二十七章目	矿物燃料、矿物油及其蒸馏产品,沥青物质,矿物蜡
	第六类目	化学工业及其相关工业的产品
28	第二十八章目	无机化学品,贵金属、稀土金属、放射性元素及其同位素的有机及无机化合物
29	第二十九章目	有机化学品
30	第三十章目	药品

(续表)

HS2 分位码	HS 分类	分 类 明 细
31	第三十一章目	肥料
32	第三十二章目	鞣料浸膏及染料浸膏,鞣酸及其衍生物,染料、颜料及其他着色料,油漆及清漆,油灰及其他胶黏剂,墨水、油墨
33	第三十三章目	精油及香膏,芳香料制品及化妆盥洗品
34	第三十四章目	肥皂、有机表面活性剂、洗涤剂、润滑剂、人造蜡、调制蜡、光洁剂、蜡烛及类似品、塑型用膏、"牙科用蜡"及牙科用熟石膏制剂
35	第三十五章目	蛋白类物质,改性淀粉,胶,酶
36	第三十六章目	炸药,烟火制品,火柴,引火合金,易燃材料制品
37	第三十七章目	照相及电影用品
38	第三十八章目	杂项化学产品
第七类目		塑料及其制品,橡胶及其制品
39	第三十九章目	塑料及其制品
40	第四十章目	橡胶及其制品
第八类目		生皮、皮革、毛皮及其制品,鞍具及挽具,旅行用品、手提包及类似容器,动物肠线(蚕胶丝除外)制品
41	第四十一章目	生皮(毛皮除外)及皮革
42	第四十二章目	皮革制品,鞍具及挽具,旅行用品、手提包及类似容器,动物肠线(蚕胶丝除外)制品
43	第四十三章目	毛皮、人造毛皮及其制品
第九类目		木及木制品,木炭,软木及软木制品,稻草、秸秆、针茅或其他编结材料制品,篮筐及柳条编结品
44	第四十四章目	木及木制品,木炭
45	第四十五章目	软木及软木制品
46	第四十六章目	稻草、秸秆、针茅或其他编结材料制品,篮筐及柳条编结品

(续表)

HS2分位码	HS分类	分类明细
第十类目		木浆及其他纤维状纤维素浆,纸及纸板的废碎品,纸、纸板及其制品
47	第四十七章目	木浆及其他纤维状纤维素浆,纸及纸板的废碎品
48	第四十八章目	纸及纸板,纸浆、纸或纸板制品
49	第四十九章目	书籍、报纸、印刷图画及其他印刷品,手稿、打字稿及设计图纸
第十一类目		纺织原料及纺织制品
50	第五十章目	蚕丝
51	第五十一章目	羊毛、动物细毛或粗毛,马毛纱线及其机织物
52	第五十二章目	棉花
53	第五十三章目	其他植物纺织纤维,纸纱线及其机织物
54	第五十四章目	化学纤维长丝
55	第五十五章目	化学纤维短纤
56	第五十六章目	絮胎、毡呢及无纺织物,特种纱线,线、绳、索、缆及其制品
57	第五十七章目	地毯及纺织材料的其他铺地制品
58	第五十八章目	特种机织物,簇绒织物,花边,装饰毯,装饰带,刺绣品
59	第五十九章目	浸渍、涂布、包覆或层压的织物,工业用纺织制品
60	第六十章目	针织物及钩编织物
61	第六十一章目	针织或钩编的服装及衣着附件
62	第六十二章目	非针织或非钩编的服装及衣着附件
63	第六十三章目	其他纺织制成品,成套物品,旧衣着及旧纺织品,碎织物
第十二类目		鞋、帽、伞、杖、鞭及其零件,已加工的羽毛及其制品,人造花,人发制品
64	第六十四章目	鞋靴、护腿和类似品及其零件

附表 1　HS2 分位章目商品名称及编码对照

（续表）

HS2 分位码	HS 分类	分 类 明 细
65	第六十五章目	帽类及其零件
66	第六十六章目	雨伞、阳伞、手杖、鞭子、马鞭及其零件
67	第六十七章目	已加工羽毛、羽绒及其制品，人造花，人发制品
第十三类目		石料、石膏、水泥、石棉、云母及类似材料的制品，陶瓷产品，玻璃及其制品
68	第六十八章目	石料、石膏、水泥、石棉、云母及类似材料的制品
69	第六十九章目	陶瓷产品
70	第七十章目	玻璃及其制品
第十四类目		天然或养殖珍珠、宝石或半宝石、贵金属、包贵金属及其制品，仿首饰，硬币
71	第七十一章目	天然或养殖珍珠、宝石或半宝石、贵金属、包贵金属及其制品，仿首饰，硬币
第十五类目		贱金属及其制品
72	第七十二章目	钢铁
73	第七十三章目	钢铁制品
74	第七十四章目	铜及其制品
75	第七十五章目	镍及其制品
76	第七十六章目	铝及其制品
77	第七十七章目	（保留为税则将来所用）
78	第七十八章目	铅及其制品
79	第七十九章目	锌及其制品
80	第八十章目	锡及其制品
81	第八十一章目	其他贱金属、金属陶瓷及其制品
82	第八十二章目	贱金属工具、器具、利口器、餐匙、餐叉及其零件
83	第八十三章目	贱金属杂项制品

(续表)

HS2 分位码	HS 分类	分 类 明 细
第十六类目		机器、机械器具、电气设备及其零件,录音机及放声机、电视图像、声音的录制和重放设备及其零件、附件
84	第八十四章目	核反应堆、锅炉、机器、机械器具及其零件
85	第八十五章目	电机、电气设备及其零件,录音机及放声机、电视图像、声音的录制和重放设备及其零件、附件
第十七类目		车辆、航空器、船舶及有关运输设备
86	第八十六章目	铁道及电车道机车、车辆及其零件,铁道及电车道轨道固定装置及其零件、附件,各种机械(包括电动机械)交通信号设备
87	第八十七章目	车辆及其零件、附件,但铁道及电车道车辆除外
88	第八十八章目	航空器、航天器及其零件
89	第八十九章目	船舶及浮动结构体
第十八类目		光学、照相、电影、计量、检验、医疗或外科用仪器及设备,精密仪器及设备,钟表,乐器,上述物品的零件、附件
90	第九十章目	光学、照相、电影、计量、检验、医疗或外科用仪器及设备,精密仪器及设备,上述物品的零件、附件
91	第九十一章目	钟表及其零件
92	第九十二章目	乐器及其零件、附件
第十九类目		武器、弹药及其零件、附件
93	第九十三章目	武器、弹药及其零件、附件
第二十类目		杂项制品
94	第九十四章目	家具、寝具、褥垫、弹簧床垫、软坐垫及类似的填充制品,未列名灯具及照明装置,发光标志、发光铭牌及类似品,活动房屋
95	第九十五章目	玩具、游戏品、运动用品及其零件、附件
96	第九十六章目	杂项制品

附表1　HS2分位章目商品名称及编码对照

(续表)

HS2分位码	HS分类	分类明细
第二十一类目		艺术品、收藏品及古物
97	第九十七章目	艺术品、收藏品及古物
第二十二类目		特殊交易品及未分类
98	第九十八章目	特殊交易品及未分类

附表2 2000—2014年中美历年关税高峰情况

国家	年份	HS2位码	占比	排名	高峰部门数量	高峰部门占比
中国	2000	2	0.34%	59	35	36.46%
中国	2000	3	0.65%	67	35	36.46%
中国	2000	4	0.10%	38	35	36.46%
中国	2000	8	0.30%	55	35	36.46%
中国	2000	10	0.30%	57	35	36.46%
中国	2000	11	0.03%	19	35	36.46%
中国	2000	15	0.48%	64	35	36.46%
中国	2000	16	0.01%	9	35	36.46%
中国	2000	17	0.08%	31	35	36.46%
中国	2000	19	0.04%	22	35	36.46%
中国	2000	20	0.03%	17	35	36.46%
中国	2000	21	0.08%	29	35	36.46%
中国	2000	22	0.07%	28	35	36.46%
中国	2000	24	0.10%	34	35	36.46%
中国	2000	33	0.10%	35	35	36.46%
中国	2000	37	0.23%	52	35	36.46%
中国	2000	42	0.03%	16	35	36.46%

附表2 2000—2014年中美历年关税高峰情况

(续表)

国家	年份	HS2位码	占比	排名	高峰部门数量	高峰部门占比
中国	2000	43	0.04%	25	35	36.46%
中国	2000	54	1.69%	86	35	36.46%
中国	2000	55	1.34%	79	35	36.46%
中国	2000	56	0.19%	47	35	36.46%
中国	2000	57	0.02%	10	35	36.46%
中国	2000	58	0.32%	58	35	36.46%
中国	2000	60	0.81%	72	35	36.46%
中国	2000	61	0.20%	49	35	36.46%
中国	2000	62	0.36%	61	35	36.46%
中国	2000	63	0.03%	15	35	36.46%
中国	2000	64	0.18%	44	35	36.46%
中国	2000	65	0.01%	3	35	36.46%
中国	2000	67	0.03%	13	35	36.46%
中国	2000	69	0.08%	30	35	36.46%
中国	2000	87	1.90%	89	35	36.46%
中国	2000	92	0.03%	18	35	36.46%
中国	2000	94	0.17%	43	35	36.46%
中国	2000	96	0.24%	53	35	36.46%
中国	2001	2	0.32%	61	34	35.42%
中国	2001	4	0.11%	34	34	35.42%
中国	2001	8	0.26%	57	34	35.42%
中国	2001	10	0.29%	58	34	35.42%
中国	2001	11	0.04%	23	34	35.42%
中国	2001	15	0.37%	63	34	35.42%
中国	2001	16	0.02%	14	34	35.42%
中国	2001	17	0.18%	43	34	35.42%

(续表)

国家	年份	HS2位码	占比	排名	高峰部门数量	高峰部门占比
中国	2001	19	0.05%	25	34	35.42%
中国	2001	20	0.04%	22	34	35.42%
中国	2001	21	0.08%	26	34	35.42%
中国	2001	22	0.10%	31	34	35.42%
中国	2001	24	0.11%	36	34	35.42%
中国	2001	33	0.10%	33	34	35.42%
中国	2001	37	0.23%	52	34	35.42%
中国	2001	42	0.03%	18	34	35.42%
中国	2001	43	0.18%	45	34	35.42%
中国	2001	54	1.45%	84	34	35.42%
中国	2001	55	1.14%	80	34	35.42%
中国	2001	56	0.18%	46	34	35.42%
中国	2001	57	0.02%	11	34	35.42%
中国	2001	58	0.29%	60	34	35.42%
中国	2001	60	0.72%	70	34	35.42%
中国	2001	61	0.24%	55	34	35.42%
中国	2001	62	0.34%	62	34	35.42%
中国	2001	63	0.03%	17	34	35.42%
中国	2001	64	0.18%	42	34	35.42%
中国	2001	65	0.01%	4	34	35.42%
中国	2001	67	0.03%	16	34	35.42%
中国	2001	69	0.08%	27	34	35.42%
中国	2001	87	2.17%	88	34	35.42%
中国	2001	92	0.03%	19	34	35.42%
中国	2001	94	0.18%	44	34	35.42%
中国	2001	96	0.19%	48	34	35.42%

附表2 2000—2014年中美历年关税高峰情况

(续表)

国家	年份	HS2位码	占比	排名	高峰部门数量	高峰部门占比
中国	2002	2	0.44%	64	35	36.46%
中国	2002	4	0.15%	45	35	36.46%
中国	2002	8	0.27%	59	35	36.46%
中国	2002	10	0.20%	51	35	36.46%
中国	2002	11	0.05%	24	35	36.46%
中国	2002	15	0.62%	69	35	36.46%
中国	2002	16	0.02%	15	35	36.46%
中国	2002	17	0.09%	34	35	36.46%
中国	2002	19	0.06%	25	35	36.46%
中国	2002	20	0.04%	23	35	36.46%
中国	2002	21	0.07%	31	35	36.46%
中国	2002	22	0.07%	26	35	36.46%
中国	2002	24	0.11%	38	35	36.46%
中国	2002	33	0.10%	36	35	36.46%
中国	2002	37	0.21%	54	35	36.46%
中国	2002	42	0.03%	19	35	36.46%
中国	2002	43	0.07%	30	35	36.46%
中国	2002	51	0.65%	70	35	36.46%
中国	2002	54	1.10%	82	35	36.46%
中国	2002	55	0.98%	76	35	36.46%
中国	2002	56	0.17%	47	35	36.46%
中国	2002	57	0.02%	10	35	36.46%
中国	2002	58	0.25%	57	35	36.46%
中国	2002	60	0.54%	66	35	36.46%
中国	2002	61	0.20%	52	35	36.46%
中国	2002	62	0.30%	61	35	36.46%

143

（续表）

国家	年份	HS2位码	占比	排名	高峰部门数量	高峰部门占比
中国	2002	63	0.03%	17	35	36.46%
中国	2002	64	0.13%	44	35	36.46%
中国	2002	65	0.00%	4	35	36.46%
中国	2002	67	0.02%	16	35	36.46%
中国	2002	69	0.07%	28	35	36.46%
中国	2002	87	2.95%	89	35	36.46%
中国	2002	91	0.20%	53	35	36.46%
中国	2002	92	0.03%	22	35	36.46%
中国	2002	96	0.16%	46	35	36.46%
中国	2003	2	0.21%	59	32	33.33%
中国	2003	4	0.12%	42	32	33.33%
中国	2003	8	0.19%	55	32	33.33%
中国	2003	10	0.12%	43	32	33.33%
中国	2003	11	0.05%	25	32	33.33%
中国	2003	15	0.82%	75	32	33.33%
中国	2003	17	0.06%	26	32	33.33%
中国	2003	19	0.05%	24	32	33.33%
中国	2003	20	0.04%	23	32	33.33%
中国	2003	21	0.09%	36	32	33.33%
中国	2003	22	0.07%	29	32	33.33%
中国	2003	24	0.08%	33	32	33.33%
中国	2003	33	0.09%	35	32	33.33%
中国	2003	37	0.18%	53	32	33.33%
中国	2003	42	0.03%	19	32	33.33%
中国	2003	43	0.16%	50	32	33.33%
中国	2003	51	0.42%	66	32	33.33%

附表2 2000—2014年中美历年关税高峰情况

(续表)

国家	年份	HS2位码	占比	排名	高峰部门数量	高峰部门占比
中国	2003	55	0.76%	73	32	33.33%
中国	2003	57	0.02%	9	32	33.33%
中国	2003	58	0.17%	52	32	33.33%
中国	2003	60	0.42%	67	32	33.33%
中国	2003	61	0.14%	46	32	33.33%
中国	2003	62	0.22%	60	32	33.33%
中国	2003	63	0.02%	15	32	33.33%
中国	2003	64	0.11%	41	32	33.33%
中国	2003	65	0.00%	4	32	33.33%
中国	2003	67	0.02%	14	32	33.33%
中国	2003	69	0.06%	28	32	33.33%
中国	2003	87	3.52%	89	32	33.33%
中国	2003	91	0.18%	54	32	33.33%
中国	2003	92	0.03%	21	32	33.33%
中国	2003	96	0.13%	44	32	33.33%
中国	2004	2	0.10%	40	30	31.25%
中国	2004	4	0.11%	43	30	31.25%
中国	2004	8	0.16%	51	30	31.25%
中国	2004	10	0.38%	66	30	31.25%
中国	2004	11	0.04%	22	30	31.25%
中国	2004	15	0.81%	76	30	31.25%
中国	2004	17	0.06%	26	30	31.25%
中国	2004	19	0.04%	25	30	31.25%
中国	2004	20	0.03%	21	30	31.25%
中国	2004	21	0.09%	38	30	31.25%
中国	2004	22	0.07%	29	30	31.25%

145

(续表)

国家	年份	HS2位码	占比	排名	高峰部门数量	高峰部门占比
中国	2004	24	0.07%	32	30	31.25%
中国	2004	33	0.10%	41	30	31.25%
中国	2004	37	0.18%	55	30	31.25%
中国	2004	42	0.03%	18	30	31.25%
中国	2004	43	0.07%	28	30	31.25%
中国	2004	51	0.40%	68	30	31.25%
中国	2004	57	0.01%	10	30	31.25%
中国	2004	61	0.13%	47	30	31.25%
中国	2004	62	0.17%	54	30	31.25%
中国	2004	63	0.02%	15	30	31.25%
中国	2004	64	0.09%	37	30	31.25%
中国	2004	65	0.00%	5	30	31.25%
中国	2004	67	0.02%	13	30	31.25%
中国	2004	69	0.07%	31	30	31.25%
中国	2004	70	0.44%	69	30	31.25%
中国	2004	87	2.88%	89	30	31.25%
中国	2004	91	0.16%	52	30	31.25%
中国	2004	92	0.03%	17	30	31.25%
中国	2004	96	0.12%	44	30	31.25%
中国	2005	2	0.13%	47	31	32.29%
中国	2005	4	0.09%	36	31	32.29%
中国	2005	8	0.16%	53	31	32.29%
中国	2005	9	0.01%	8	31	32.29%
中国	2005	10	0.24%	59	31	32.29%
中国	2005	11	0.04%	23	31	32.29%
中国	2005	15	0.57%	73	31	32.29%

附表2　2000—2014年中美历年关税高峰情况

(续表)

国家	年份	HS2位码	占比	排名	高峰部门数量	高峰部门占比
中国	2005	17	0.07%	30	31	32.29%
中国	2005	19	0.05%	24	31	32.29%
中国	2005	20	0.03%	21	31	32.29%
中国	2005	21	0.06%	26	31	32.29%
中国	2005	22	0.09%	35	31	32.29%
中国	2005	24	0.08%	33	31	32.29%
中国	2005	33	0.10%	40	31	32.29%
中国	2005	42	0.03%	20	31	32.29%
中国	2005	43	0.13%	48	31	32.29%
中国	2005	57	0.01%	11	31	32.29%
中国	2005	61	0.12%	44	31	32.29%
中国	2005	62	0.16%	52	31	32.29%
中国	2005	63	0.02%	17	31	32.29%
中国	2005	64	0.09%	37	31	32.29%
中国	2005	65	0.00%	5	31	32.29%
中国	2005	67	0.02%	14	31	32.29%
中国	2005	68	0.10%	41	31	32.29%
中国	2005	69	0.05%	25	31	32.29%
中国	2005	70	0.36%	66	31	32.29%
中国	2005	87	2.60%	88	31	32.29%
中国	2005	91	0.14%	50	31	32.29%
中国	2005	92	0.02%	19	31	32.29%
中国	2005	93	0.00%	4	31	32.29%
中国	2005	96	0.11%	43	31	32.29%
中国	2006	2	0.13%	50	32	33.33%
中国	2006	4	0.09%	36	32	33.33%

(续表)

国家	年份	HS2位码	占比	排名	高峰部门数量	高峰部门占比
中国	2006	8	0.15%	53	32	33.33%
中国	2006	9	0.01%	8	32	33.33%
中国	2006	10	0.11%	45	32	33.33%
中国	2006	11	0.04%	23	32	33.33%
中国	2006	15	0.60%	76	32	33.33%
中国	2006	17	0.09%	35	32	33.33%
中国	2006	19	0.06%	30	32	33.33%
中国	2006	20	0.03%	22	32	33.33%
中国	2006	21	0.05%	26	32	33.33%
中国	2006	22	0.09%	38	32	33.33%
中国	2006	24	0.05%	28	32	33.33%
中国	2006	33	0.10%	39	32	33.33%
中国	2006	37	0.15%	52	32	33.33%
中国	2006	42	0.03%	20	32	33.33%
中国	2006	43	0.04%	24	32	33.33%
中国	2006	51	0.32%	64	32	33.33%
中国	2006	57	0.01%	9	32	33.33%
中国	2006	61	0.10%	42	32	33.33%
中国	2006	62	0.13%	51	32	33.33%
中国	2006	63	0.02%	18	32	33.33%
中国	2006	64	0.09%	34	32	33.33%
中国	2006	65	0.00%	5	32	33.33%
中国	2006	67	0.02%	17	32	33.33%
中国	2006	69	0.06%	29	32	33.33%
中国	2006	70	0.33%	65	32	33.33%
中国	2006	87	2.77%	88	32	33.33%

附表 2　2000—2014 年中美历年关税高峰情况

(续表)

国家	年份	HS2 位码	占比	排名	高峰部门数量	高峰部门占比
中国	2006	91	0.11%	47	32	33.33%
中国	2006	92	0.02%	16	32	33.33%
中国	2006	93	0.00%	2	32	33.33%
中国	2006	96	0.10%	41	32	33.33%
中国	2007	2	0.21%	58	31	32.29%
中国	2007	4	0.12%	42	31	32.29%
中国	2007	8	0.17%	55	31	32.29%
中国	2007	9	0.01%	11	31	32.29%
中国	2007	10	0.07%	29	31	32.29%
中国	2007	11	0.04%	23	31	32.29%
中国	2007	17	0.07%	30	31	32.29%
中国	2007	19	0.07%	31	31	32.29%
中国	2007	20	0.04%	22	31	32.29%
中国	2007	21	0.05%	26	31	32.29%
中国	2007	22	0.16%	51	31	32.29%
中国	2007	24	0.08%	35	31	32.29%
中国	2007	33	0.12%	43	31	32.29%
中国	2007	37	0.16%	53	31	32.29%
中国	2007	42	0.03%	21	31	32.29%
中国	2007	43	0.11%	39	31	32.29%
中国	2007	51	0.38%	67	31	32.29%
中国	2007	57	0.01%	12	31	32.29%
中国	2007	61	0.10%	37	31	32.29%
中国	2007	62	0.13%	46	31	32.29%
中国	2007	63	0.02%	18	31	32.29%
中国	2007	64	0.09%	36	31	32.29%

(续表)

国家	年份	HS2位码	占比	排名	高峰部门数量	高峰部门占比
中国	2007	65	0.00%	4	31	32.29%
中国	2007	67	0.02%	15	31	32.29%
中国	2007	69	0.06%	27	31	32.29%
中国	2007	70	0.34%	63	31	32.29%
中国	2007	87	3.29%	87	31	32.29%
中国	2007	91	0.14%	48	31	32.29%
中国	2007	92	0.02%	17	31	32.29%
中国	2007	93	0.00%	3	31	32.29%
中国	2007	96	0.10%	38	31	32.29%
中国	2008	2	0.22%	62	29	30.21%
中国	2008	4	0.10%	43	29	30.21%
中国	2008	8	0.18%	57	29	30.21%
中国	2008	9	0.01%	12	29	30.21%
中国	2008	10	0.07%	33	29	30.21%
中国	2008	11	0.03%	20	29	30.21%
中国	2008	17	0.05%	28	29	30.21%
中国	2008	19	0.08%	36	29	30.21%
中国	2008	20	0.03%	22	29	30.21%
中国	2008	21	0.05%	30	29	30.21%
中国	2008	22	0.15%	52	29	30.21%
中国	2008	24	0.09%	39	29	30.21%
中国	2008	42	0.04%	23	29	30.21%
中国	2008	43	0.04%	26	29	30.21%
中国	2008	51	0.27%	64	29	30.21%
中国	2008	57	0.01%	9	29	30.21%
中国	2008	61	0.08%	35	29	30.21%

附表 2　2000—2014 年中美历年关税高峰情况

(续表)

国家	年份	HS2 位码	占比	排名	高峰部门数量	高峰部门占比
中国	2008	62	0.12%	48	29	30.21%
中国	2008	63	0.03%	19	29	30.21%
中国	2008	64	0.09%	38	29	30.21%
中国	2008	65	0.00%	4	29	30.21%
中国	2008	67	0.02%	16	29	30.21%
中国	2008	68	0.10%	41	29	30.21%
中国	2008	70	0.30%	65	29	30.21%
中国	2008	87	3.04%	89	29	30.21%
中国	2008	91	0.14%	51	29	30.21%
中国	2008	92	0.02%	18	29	30.21%
中国	2008	93	0.00%	3	29	30.21%
中国	2008	96	0.08%	34	29	30.21%
中国	2009	2	0.24%	63	29	30.21%
中国	2009	4	0.14%	47	29	30.21%
中国	2009	8	0.24%	62	29	30.21%
中国	2009	9	0.01%	10	29	30.21%
中国	2009	10	0.11%	40	29	30.21%
中国	2009	11	0.05%	25	29	30.21%
中国	2009	17	0.06%	29	29	30.21%
中国	2009	19	0.13%	44	29	30.21%
中国	2009	20	0.04%	22	29	30.21%
中国	2009	21	0.06%	30	29	30.21%
中国	2009	22	0.17%	53	29	30.21%
中国	2009	24	0.11%	39	29	30.21%
中国	2009	42	0.04%	21	29	30.21%
中国	2009	43	0.11%	41	29	30.21%

(续表)

国家	年份	HS2位码	占比	排名	高峰部门数量	高峰部门占比
中国	2009	51	0.27%	64	29	30.21%
中国	2009	57	0.01%	9	29	30.21%
中国	2009	61	0.07%	31	29	30.21%
中国	2009	62	0.12%	42	29	30.21%
中国	2009	63	0.03%	18	29	30.21%
中国	2009	64	0.08%	35	29	30.21%
中国	2009	65	0.00%	3	29	30.21%
中国	2009	67	0.02%	16	29	30.21%
中国	2009	68	0.09%	36	29	30.21%
中国	2009	70	0.32%	67	29	30.21%
中国	2009	87	3.68%	89	29	30.21%
中国	2009	91	0.14%	48	29	30.21%
中国	2009	92	0.02%	17	29	30.21%
中国	2009	93	0.00%	4	29	30.21%
中国	2009	96	0.08%	33	29	30.21%
中国	2010	2	0.17%	54	29	30.21%
中国	2010	4	0.18%	57	29	30.21%
中国	2010	8	0.22%	61	29	30.21%
中国	2010	9	0.02%	14	29	30.21%
中国	2010	10	0.12%	44	29	30.21%
中国	2010	11	0.04%	22	29	30.21%
中国	2010	17	0.09%	36	29	30.21%
中国	2010	19	0.11%	41	29	30.21%
中国	2010	20	0.04%	23	29	30.21%
中国	2010	21	0.06%	30	29	30.21%
中国	2010	22	0.18%	55	29	30.21%

附表 2 2000—2014 年中美历年关税高峰情况

(续表)

国家	年份	HS2 位码	占比	排名	高峰部门数量	高峰部门占比
中国	2010	24	0.08%	34	29	30.21%
中国	2010	42	0.04%	27	29	30.21%
中国	2010	43	0.11%	42	29	30.21%
中国	2010	51	0.24%	63	29	30.21%
中国	2010	57	0.01%	10	29	30.21%
中国	2010	61	0.06%	29	29	30.21%
中国	2010	62	0.11%	40	29	30.21%
中国	2010	63	0.02%	19	29	30.21%
中国	2010	64	0.07%	32	29	30.21%
中国	2010	65	0.00%	3	29	30.21%
中国	2010	67	0.02%	15	29	30.21%
中国	2010	68	0.10%	39	29	30.21%
中国	2010	70	0.36%	68	29	30.21%
中国	2010	87	4.54%	90	29	30.21%
中国	2010	91	0.15%	52	29	30.21%
中国	2010	92	0.02%	17	29	30.21%
中国	2010	93	0.00%	4	29	30.21%
中国	2010	96	0.07%	31	29	30.21%
中国	2011	2	0.24%	63	29	30.21%
中国	2011	4	0.19%	57	29	30.21%
中国	2011	8	0.23%	62	29	30.21%
中国	2011	9	0.02%	14	29	30.21%
中国	2011	10	0.16%	52	29	30.21%
中国	2011	11	0.05%	25	29	30.21%
中国	2011	17	0.15%	51	29	30.21%
中国	2011	19	0.11%	39	29	30.21%

(续表)

国家	年份	HS2位码	占比	排名	高峰部门数量	高峰部门占比
中国	2011	20	0.04%	23	29	30.21%
中国	2011	21	0.06%	30	29	30.21%
中国	2011	22	0.20%	58	29	30.21%
中国	2011	24	0.08%	32	29	30.21%
中国	2011	42	0.06%	29	29	30.21%
中国	2011	43	0.11%	40	29	30.21%
中国	2011	51	0.26%	64	29	30.21%
中国	2011	57	0.01%	9	29	30.21%
中国	2011	61	0.07%	31	29	30.21%
中国	2011	62	0.14%	48	29	30.21%
中国	2011	63	0.03%	19	29	30.21%
中国	2011	64	0.08%	34	29	30.21%
中国	2011	65	0.00%	4	29	30.21%
中国	2011	67	0.02%	12	29	30.21%
中国	2011	68	0.09%	36	29	30.21%
中国	2011	70	0.33%	68	29	30.21%
中国	2011	87	4.69%	92	29	30.21%
中国	2011	91	0.18%	55	29	30.21%
中国	2011	92	0.02%	16	29	30.21%
中国	2011	93	0.00%	3	29	30.21%
中国	2011	96	0.06%	28	29	30.21%
中国	2014	2	0.37%	69	29	30.21%
中国	2014	4	0.39%	70	29	30.21%
中国	2014	8	0.31%	66	29	30.21%
中国	2014	9	0.02%	16	29	30.21%
中国	2014	10	0.34%	67	29	30.21%

附表2 2000—2014年中美历年关税高峰情况

(续表)

国家	年份	HS2位码	占比	排名	高峰部门数量	高峰部门占比
中国	2014	11	0.08%	33	29	30.21%
中国	2014	15	0.52%	75	29	30.21%
中国	2014	17	0.12%	46	29	30.21%
中国	2014	19	0.17%	51	29	30.21%
中国	2014	20	0.05%	22	29	30.21%
中国	2014	21	0.09%	36	29	30.21%
中国	2014	22	0.20%	57	29	30.21%
中国	2014	24	0.07%	29	29	30.21%
中国	2014	42	0.08%	31	29	30.21%
中国	2014	43	0.12%	44	29	30.21%
中国	2014	57	0.01%	10	29	30.21%
中国	2014	61	0.10%	40	29	30.21%
中国	2014	62	0.20%	55	29	30.21%
中国	2014	63	0.03%	20	29	30.21%
中国	2014	64	0.11%	43	29	30.21%
中国	2014	65	0.00%	4	29	30.21%
中国	2014	67	0.02%	12	29	30.21%
中国	2014	68	0.10%	37	29	30.21%
中国	2014	70	0.40%	71	29	30.21%
中国	2014	87	5.61%	92	29	30.21%
中国	2014	91	0.14%	49	29	30.21%
中国	2014	92	0.02%	14	29	30.21%
中国	2014	93	0.00%	2	29	30.21%
中国	2014	96	0.05%	26	29	30.21%
美国	2000	4	0.09%	24	15	15.63%
美国	2000	7	0.26%	56	15	15.63%

(续表)

国家	年份	HS2位码	占比	排名	高峰部门数量	高峰部门占比
美国	2000	12	0.07%	18	15	15.63%
美国	2000	20	0.25%	54	15	15.63%
美国	2000	24	0.10%	25	15	15.63%
美国	2000	42	0.57%	72	15	15.63%
美国	2000	52	0.20%	48	15	15.63%
美国	2000	54	0.19%	46	15	15.63%
美国	2000	55	0.11%	28	15	15.63%
美国	2000	58	0.06%	16	15	15.63%
美国	2000	60	0.09%	23	15	15.63%
美国	2000	61	2.26%	89	15	15.63%
美国	2000	62	2.87%	91	15	15.63%
美国	2000	63	0.41%	70	15	15.63%
美国	2000	64	1.19%	79	15	15.63%
美国	2001	4	0.11%	25	16	16.67%
美国	2001	7	0.30%	59	16	16.67%
美国	2001	12	0.07%	17	16	16.67%
美国	2001	20	0.26%	55	16	16.67%
美国	2001	24	0.11%	31	16	16.67%
美国	2001	42	0.61%	72	16	16.67%
美国	2001	51	0.04%	12	16	16.67%
美国	2001	52	0.18%	44	16	16.67%
美国	2001	54	0.18%	43	16	16.67%
美国	2001	55	0.11%	26	16	16.67%
美国	2001	58	0.06%	15	16	16.67%
美国	2001	60	0.10%	23	16	16.67%
美国	2001	61	2.42%	89	16	16.67%

附表 2　2000—2014 年中美历年关税高峰情况

(续表)

国家	年份	HS2 位码	占比	排名	高峰部门数量	高峰部门占比
美国	2001	62	2.94%	91	16	16.67%
美国	2001	63	0.46%	71	16	16.67%
美国	2001	64	1.25%	80	16	16.67%
美国	2002	4	0.12%	32	15	15.63%
美国	2002	7	0.30%	59	15	15.63%
美国	2002	12	0.07%	16	15	15.63%
美国	2002	20	0.27%	56	15	15.63%
美国	2002	24	0.12%	33	15	15.63%
美国	2002	42	0.55%	72	15	15.63%
美国	2002	52	0.19%	45	15	15.63%
美国	2002	54	0.18%	44	15	15.63%
美国	2002	55	0.11%	30	15	15.63%
美国	2002	58	0.07%	17	15	15.63%
美国	2002	60	0.10%	27	15	15.63%
美国	2002	61	2.51%	89	15	15.63%
美国	2002	62	2.86%	90	15	15.63%
美国	2002	63	0.53%	71	15	15.63%
美国	2002	64	1.22%	81	15	15.63%
美国	2003	4	0.12%	33	15	15.63%
美国	2003	7	0.33%	60	15	15.63%
美国	2003	12	0.07%	17	15	15.63%
美国	2003	20	0.28%	57	15	15.63%
美国	2003	24	0.10%	28	15	15.63%
美国	2003	42	0.53%	71	15	15.63%
美国	2003	52	0.16%	42	15	15.63%
美国	2003	54	0.17%	44	15	15.63%

(续表)

国家	年份	HS2位码	占比	排名	高峰部门数量	高峰部门占比
美国	2003	55	0.10%	29	15	15.63%
美国	2003	58	0.06%	15	15	15.63%
美国	2003	60	0.09%	26	15	15.63%
美国	2003	61	2.45%	88	15	15.63%
美国	2003	62	2.82%	90	15	15.63%
美国	2003	63	0.57%	72	15	15.63%
美国	2003	64	1.13%	80	15	15.63%
美国	2004	4	0.11%	32	16	16.67%
美国	2004	7	0.32%	59	16	16.67%
美国	2004	12	0.07%	20	16	16.67%
美国	2004	20	0.27%	57	16	16.67%
美国	2004	24	0.09%	26	16	16.67%
美国	2004	42	0.49%	71	16	16.67%
美国	2004	51	0.03%	7	16	16.67%
美国	2004	52	0.15%	40	16	16.67%
美国	2004	54	0.15%	41	16	16.67%
美国	2004	55	0.10%	27	16	16.67%
美国	2004	58	0.06%	15	16	16.67%
美国	2004	60	0.08%	21	16	16.67%
美国	2004	61	2.20%	88	16	16.67%
美国	2004	62	2.52%	90	16	16.67%
美国	2004	63	0.58%	72	16	16.67%
美国	2004	64	1.02%	78	16	16.67%
美国	2005	4	0.11%	31	16	16.67%
美国	2005	7	0.29%	58	16	16.67%
美国	2005	12	0.07%	19	16	16.67%

附表 2 2000—2014 年中美历年关税高峰情况

（续表）

国家	年份	HS2 位码	占比	排名	高峰部门数量	高峰部门占比
美国	2005	20	0.26%	57	16	16.67%
美国	2005	24	0.08%	23	16	16.67%
美国	2005	42	0.45%	69	16	16.67%
美国	2005	51	0.02%	7	16	16.67%
美国	2005	52	0.12%	32	16	16.67%
美国	2005	54	0.15%	41	16	16.67%
美国	2005	55	0.10%	29	16	16.67%
美国	2005	58	0.06%	17	16	16.67%
美国	2005	60	0.07%	21	16	16.67%
美国	2005	61	2.17%	87	16	16.67%
美国	2005	62	2.38%	90	16	16.67%
美国	2005	63	0.58%	72	16	16.67%
美国	2005	64	0.80%	75	16	16.67%
美国	2006	4	0.10%	29	16	16.67%
美国	2006	7	0.29%	60	16	16.67%
美国	2006	12	0.07%	21	16	16.67%
美国	2006	20	0.26%	57	16	16.67%
美国	2006	24	0.08%	22	16	16.67%
美国	2006	42	0.44%	69	16	16.67%
美国	2006	51	0.02%	5	16	16.67%
美国	2006	52	0.09%	26	16	16.67%
美国	2006	54	0.13%	38	16	16.67%
美国	2006	55	0.10%	31	16	16.67%
美国	2006	58	0.05%	15	16	16.67%
美国	2006	60	0.06%	18	16	16.67%
美国	2006	61	2.06%	87	16	16.67%

(续表)

国家	年份	HS2位码	占比	排名	高峰部门数量	高峰部门占比
美国	2006	62	2.16%	88	16	16.67%
美国	2006	63	0.57%	71	16	16.67%
美国	2006	64	0.77%	74	16	16.67%
美国	2007	4	0.10%	30	16	16.67%
美国	2007	7	0.31%	62	16	16.67%
美国	2007	12	0.08%	22	16	16.67%
美国	2007	20	0.30%	61	16	16.67%
美国	2007	24	0.08%	21	16	16.67%
美国	2007	42	0.38%	66	16	16.67%
美国	2007	51	0.02%	5	16	16.67%
美国	2007	52	0.08%	23	16	16.67%
美国	2007	54	0.13%	37	16	16.67%
美国	2007	55	0.10%	32	16	16.67%
美国	2007	58	0.04%	14	16	16.67%
美国	2007	60	0.05%	16	16	16.67%
美国	2007	61	2.08%	87	16	16.67%
美国	2007	62	2.06%	86	16	16.67%
美国	2007	63	0.56%	71	16	16.67%
美国	2007	64	0.93%	76	16	16.67%
美国	2008	4	0.10%	31	15	15.63%
美国	2008	7	0.30%	61	15	15.63%
美国	2008	12	0.10%	33	15	15.63%
美国	2008	20	0.31%	62	15	15.63%
美国	2008	24	0.08%	23	15	15.63%
美国	2008	42	0.45%	69	15	15.63%
美国	2008	52	0.06%	19	15	15.63%

附表 2 2000—2014 年中美历年关税高峰情况

(续表)

国家	年份	HS2 位码	占比	排名	高峰部门数量	高峰部门占比
美国	2008	54	0.11%	35	15	15.63%
美国	2008	55	0.09%	27	15	15.63%
美国	2008	58	0.04%	14	15	15.63%
美国	2008	60	0.04%	16	15	15.63%
美国	2008	61	1.85%	85	15	15.63%
美国	2008	62	1.81%	84	15	15.63%
美国	2008	63	0.51%	70	15	15.63%
美国	2008	64	0.84%	75	15	15.63%
美国	2009	4	0.12%	34	15	15.63%
美国	2009	7	0.39%	65	15	15.63%
美国	2009	12	0.11%	31	15	15.63%
美国	2009	20	0.37%	64	15	15.63%
美国	2009	24	0.10%	28	15	15.63%
美国	2009	42	0.41%	67	15	15.63%
美国	2009	52	0.06%	17	15	15.63%
美国	2009	54	0.11%	30	15	15.63%
美国	2009	55	0.09%	22	15	15.63%
美国	2009	58	0.04%	14	15	15.63%
美国	2009	60	0.05%	15	15	15.63%
美国	2009	61	2.25%	89	15	15.63%
美国	2009	62	2.14%	88	15	15.63%
美国	2009	63	0.65%	72	15	15.63%
美国	2009	64	0.98%	79	15	15.63%
美国	2010	4	0.10%	28	15	15.63%
美国	2010	7	0.38%	64	15	15.63%
美国	2010	12	0.09%	25	15	15.63%

(续表)

国家	年份	HS2位码	占比	排名	高峰部门数量	高峰部门占比
美国	2010	20	0.32%	61	15	15.63%
美国	2010	24	0.08%	21	15	15.63%
美国	2010	42	0.43%	67	15	15.63%
美国	2010	52	0.07%	18	15	15.63%
美国	2010	54	0.11%	34	15	15.63%
美国	2010	55	0.09%	24	15	15.63%
美国	2010	58	0.04%	14	15	15.63%
美国	2010	60	0.04%	15	15	15.63%
美国	2010	61	2.03%	88	15	15.63%
美国	2010	62	1.91%	86	15	15.63%
美国	2010	63	0.63%	72	15	15.63%
美国	2010	64	1.05%	79	15	15.63%
美国	2011	4	0.10%	27	16	16.67%
美国	2011	7	0.37%	63	16	16.67%
美国	2011	12	0.10%	32	16	16.67%
美国	2011	20	0.33%	61	16	16.67%
美国	2011	24	0.07%	19	16	16.67%
美国	2011	42	0.44%	67	16	16.67%
美国	2011	51	0.01%	5	16	16.67%
美国	2011	52	0.07%	18	16	16.67%
美国	2011	54	0.11%	34	16	16.67%
美国	2011	55	0.09%	26	16	16.67%
美国	2011	58	0.04%	14	16	16.67%
美国	2011	60	0.04%	15	16	16.67%
美国	2011	61	1.98%	87	16	16.67%

附表2 2000—2014年中美历年关税高峰情况

(续表)

国家	年份	HS2位码	占比	排名	高峰部门数量	高峰部门占比
美国	2011	62	1.79%	85	16	16.67%
美国	2011	63	0.57%	73	16	16.67%
美国	2011	64	0.89%	79	16	16.67%
美国	2012	4	0.12%	32	16	16.67%
美国	2012	7	0.35%	62	16	16.67%
美国	2012	12	0.11%	30	16	16.67%
美国	2012	20	0.32%	61	16	16.67%
美国	2012	24	0.09%	25	16	16.67%
美国	2012	42	0.52%	70	16	16.67%
美国	2012	51	0.02%	5	16	16.67%
美国	2012	52	0.06%	16	16	16.67%
美国	2012	54	0.11%	29	16	16.67%
美国	2012	55	0.08%	22	16	16.67%
美国	2012	58	0.04%	12	16	16.67%
美国	2012	60	0.05%	15	16	16.67%
美国	2012	61	1.93%	86	16	16.67%
美国	2012	62	1.75%	84	16	16.67%
美国	2012	63	0.54%	72	16	16.67%
美国	2012	64	0.98%	79	16	16.67%
美国	2013	4	0.11%	29	16	16.67%
美国	2013	7	0.40%	65	16	16.67%
美国	2013	12	0.14%	40	16	16.67%
美国	2013	20	0.33%	61	16	16.67%
美国	2013	24	0.10%	28	16	16.67%
美国	2013	42	0.54%	70	16	16.67%

(续表)

国家	年份	HS2 位码	占比	排名	高峰部门数量	高峰部门占比
美国	2013	51	0.01%	5	16	16.67%
美国	2013	52	0.05%	15	16	16.67%
美国	2013	54	0.11%	30	16	16.67%
美国	2013	55	0.08%	21	16	16.67%
美国	2013	58	0.04%	11	16	16.67%
美国	2013	60	0.05%	14	16	16.67%
美国	2013	61	2.05%	87	16	16.67%
美国	2013	62	1.82%	85	16	16.67%
美国	2013	63	0.57%	72	16	16.67%
美国	2013	64	1.09%	80	16	16.67%
美国	2014	4	0.12%	31	16	16.67%
美国	2014	7	0.39%	64	16	16.67%
美国	2014	12	0.16%	40	16	16.67%
美国	2014	20	0.32%	59	16	16.67%
美国	2014	24	0.09%	24	16	16.67%
美国	2014	42	0.54%	70	16	16.67%
美国	2014	51	0.01%	5	16	16.67%
美国	2014	52	0.05%	14	16	16.67%
美国	2014	54	0.10%	28	16	16.67%
美国	2014	55	0.09%	22	16	16.67%
美国	2014	58	0.04%	10	16	16.67%
美国	2014	60	0.05%	13	16	16.67%
美国	2014	61	2.01%	87	16	16.67%
美国	2014	62	1.73%	84	16	16.67%
美国	2014	63	0.57%	72	16	16.67%
美国	2014	64	1.10%	80	16	16.67%

附表3 2000—2014年中美排名前10的最低关税产品特征情况

国家	年份	HS2位码	关税均值	BEC分类	替代弹性分类
中国	2000	1	5.54	中间产品	高替代弹性
中国	2000	23	5.98	中间产品	高替代弹性
中国	2000	25	4.30	中间产品	低替代弹性
中国	2000	26	1.85	中间产品	高替代弹性
中国	2000	31	5.00	中间产品	低替代弹性
中国	2000	47	1.00	中间产品	高替代弹性
中国	2000	49	5.25	最终产品	低替代弹性
中国	2000	75	6.22	中间产品	高替代弹性
中国	2000	86	5.42	中间产品	低替代弹性
中国	2000	88	3.47	中间产品	高替代弹性
中国	2001	25	3.77	中间产品	低替代弹性
中国	2001	26	1.22	中间产品	高替代弹性
中国	2001	31	4.63	中间产品	低替代弹性
中国	2001	47	1.00	中间产品	高替代弹性
中国	2001	49	4.91	最终产品	低替代弹性
中国	2001	75	5.28	中间产品	高替代弹性
中国	2001	78	5.25	中间产品	低替代弹性

(续表)

国家	年份	HS2位码	关税均值	BEC分类	替代弹性分类
中国	2001	79	4.92	中间产品	高替代弹性
中国	2001	86	5.00	中间产品	低替代弹性
中国	2001	88	3.47	中间产品	高替代弹性
中国	2002	25	3.71	中间产品	低替代弹性
中国	2002	26	1.14	中间产品	高替代弹性
中国	2002	30	5.06	最终产品	高替代弹性
中国	2002	47	0.00	中间产品	高替代弹性
中国	2002	49	3.39	最终产品	低替代弹性
中国	2002	75	4.87	中间产品	高替代弹性
中国	2002	78	4.93	中间产品	低替代弹性
中国	2002	79	4.77	中间产品	高替代弹性
中国	2002	86	3.98	中间产品	低替代弹性
中国	2002	88	2.21	中间产品	高替代弹性
中国	2003	25	3.70	中间产品	低替代弹性
中国	2003	26	1.14	中间产品	高替代弹性
中国	2003	30	4.47	最终产品	高替代弹性
中国	2003	47	0.00	中间产品	高替代弹性
中国	2003	49	2.76	最终产品	低替代弹性
中国	2003	75	4.87	中间产品	高替代弹性
中国	2003	78	4.79	中间产品	低替代弹性
中国	2003	79	4.71	中间产品	高替代弹性
中国	2003	86	3.98	中间产品	低替代弹性
中国	2003	88	2.13	中间产品	高替代弹性
中国	2004	25	3.69	中间产品	低替代弹性
中国	2004	26	1.14	中间产品	高替代弹性

附表3 2000—2014年中美排名前10的最低关税产品特征情况

(续表)

国 家	年 份	HS2位码	关税均值	BEC分类	替代弹性分类
中国	2004	30	4.44	最终产品	高替代弹性
中国	2004	44	4.61	中间产品	高替代弹性
中国	2004	47	0.00	中间产品	高替代弹性
中国	2004	49	2.76	最终产品	低替代弹性
中国	2004	78	4.65	中间产品	低替代弹性
中国	2004	79	4.65	中间产品	高替代弹性
中国	2004	86	3.98	中间产品	低替代弹性
中国	2004	88	2.13	中间产品	高替代弹性
中国	2005	25	3.68	中间产品	低替代弹性
中国	2005	26	1.14	中间产品	高替代弹性
中国	2005	30	4.43	最终产品	高替代弹性
中国	2005	44	4.40	中间产品	高替代弹性
中国	2005	47	0.00	中间产品	高替代弹性
中国	2005	49	2.76	最终产品	低替代弹性
中国	2005	78	4.65	中间产品	低替代弹性
中国	2005	79	4.65	中间产品	高替代弹性
中国	2005	86	3.98	中间产品	低替代弹性
中国	2005	88	2.18	中间产品	高替代弹性
中国	2006	25	3.43	中间产品	低替代弹性
中国	2006	26	1.14	中间产品	高替代弹性
中国	2006	30	4.44	最终产品	高替代弹性
中国	2006	44	4.39	中间产品	高替代弹性
中国	2006	47	0.00	中间产品	高替代弹性
中国	2006	49	2.76	最终产品	低替代弹性
中国	2006	75	4.49	中间产品	高替代弹性

(续表)

国家	年份	HS2位码	关税均值	BEC分类	替代弹性分类
中国	2006	78	4.65	中间产品	低替代弹性
中国	2006	79	4.65	中间产品	高替代弹性
中国	2006	86	3.98	中间产品	低替代弹性
中国	2006	88	2.00	中间产品	高替代弹性
中国	2007	25	3.72	中间产品	低替代弹性
中国	2007	26	1.14	中间产品	高替代弹性
中国	2007	30	4.49	最终产品	高替代弹性
中国	2007	44	3.90	中间产品	高替代弹性
中国	2007	47	0.00	中间产品	高替代弹性
中国	2007	49	2.76	最终产品	低替代弹性
中国	2007	78	4.31	中间产品	低替代弹性
中国	2007	79	4.50	中间产品	高替代弹性
中国	2007	86	3.94	中间产品	低替代弹性
中国	2007	88	2.07	中间产品	高替代弹性
中国	2008	25	3.32	中间产品	低替代弹性
中国	2008	26	1.14	中间产品	高替代弹性
中国	2008	27	4.17	中间产品	高替代弹性
中国	2008	30	4.12	最终产品	高替代弹性
中国	2008	44	3.90	中间产品	高替代弹性
中国	2008	47	0.00	中间产品	高替代弹性
中国	2008	49	2.76	最终产品	低替代弹性
中国	2008	78	4.31	中间产品	低替代弹性
中国	2008	86	3.94	中间产品	低替代弹性
中国	2008	88	2.07	中间产品	高替代弹性
中国	2009	25	3.09	中间产品	低替代弹性

附表3 2000—2014年中美排名前10的最低关税产品特征情况

(续表)

国 家	年 份	HS2位码	关税均值	BEC分类	替代弹性分类
中国	2009	26	1.14	中间产品	高替代弹性
中国	2009	27	4.17	中间产品	高替代弹性
中国	2009	30	4.23	最终产品	高替代弹性
中国	2009	44	3.90	中间产品	高替代弹性
中国	2009	47	0.00	中间产品	高替代弹性
中国	2009	49	2.76	最终产品	低替代弹性
中国	2009	78	4.31	中间产品	低替代弹性
中国	2009	86	3.94	中间产品	低替代弹性
中国	2009	88	2.07	中间产品	高替代弹性
中国	2010	25	3.13	中间产品	低替代弹性
中国	2010	26	1.14	中间产品	高替代弹性
中国	2010	27	4.18	中间产品	高替代弹性
中国	2010	30	4.23	最终产品	高替代弹性
中国	2010	44	3.90	中间产品	高替代弹性
中国	2010	47	0.00	中间产品	高替代弹性
中国	2010	49	2.76	最终产品	低替代弹性
中国	2010	78	4.31	中间产品	低替代弹性
中国	2010	86	3.94	中间产品	低替代弹性
中国	2010	88	2.07	中间产品	高替代弹性
中国	2011	25	3.10	中间产品	低替代弹性
中国	2011	26	1.14	中间产品	高替代弹性
中国	2011	27	4.06	中间产品	高替代弹性
中国	2011	30	4.23	最终产品	高替代弹性
中国	2011	44	3.90	中间产品	高替代弹性
中国	2011	47	0.00	中间产品	高替代弹性

(续表)

国　家	年　份	HS2 位码	关税均值	BEC 分类	替代弹性分类
中国	2011	49	2.76	最终产品	低替代弹性
中国	2011	79	3.78	中间产品	高替代弹性
中国	2011	86	3.94	中间产品	低替代弹性
中国	2011	88	2.07	中间产品	高替代弹性
中国	2014	25	2.67	中间产品	低替代弹性
中国	2014	26	1.08	中间产品	高替代弹性
中国	2014	27	3.89	中间产品	高替代弹性
中国	2014	30	4.21	最终产品	高替代弹性
中国	2014	44	3.89	中间产品	高替代弹性
中国	2014	47	0.00	中间产品	高替代弹性
中国	2014	49	2.59	最终产品	低替代弹性
中国	2014	79	3.78	中间产品	高替代弹性
中国	2014	86	3.94	中间产品	低替代弹性
中国	2014	88	2.07	中间产品	高替代弹性
美国	2000	9	0.38	最终产品	高替代弹性
美国	2000	25	0.26	中间产品	低替代弹性
美国	2000	26	0.00	中间产品	高替代弹性
美国	2000	27	0.16	中间产品	高替代弹性
美国	2000	30	0.00	最终产品	高替代弹性
美国	2000	31	0.00	中间产品	低替代弹性
美国	2000	47	0.00	中间产品	高替代弹性
美国	2000	49	0.35	最终产品	低替代弹性
美国	2000	88	0.20	中间产品	高替代弹性
美国	2000	97	0.00	最终产品	低替代弹性
美国	2001	9	0.38	最终产品	高替代弹性

附表3 2000—2014年中美排名前10的最低关税产品特征情况

（续表）

国　家	年　份	HS2位码	关税均值	BEC分类	替代弹性分类
美国	2001	25	0.26	中间产品	低替代弹性
美国	2001	26	0.00	中间产品	高替代弹性
美国	2001	27	0.16	中间产品	高替代弹性
美国	2001	30	0.00	最终产品	高替代弹性
美国	2001	31	0.00	中间产品	低替代弹性
美国	2001	47	0.00	中间产品	高替代弹性
美国	2001	49	0.26	最终产品	低替代弹性
美国	2001	88	0.20	中间产品	高替代弹性
美国	2001	97	0.00	最终产品	低替代弹性
美国	2002	9	0.38	最终产品	高替代弹性
美国	2002	25	0.24	中间产品	低替代弹性
美国	2002	26	0.03	中间产品	高替代弹性
美国	2002	27	0.17	中间产品	高替代弹性
美国	2002	30	0.00	最终产品	高替代弹性
美国	2002	31	0.00	中间产品	低替代弹性
美国	2002	47	0.00	中间产品	高替代弹性
美国	2002	49	0.18	最终产品	低替代弹性
美国	2002	88	0.20	中间产品	高替代弹性
美国	2002	97	0.00	最终产品	低替代弹性
美国	2003	25	0.24	中间产品	低替代弹性
美国	2003	26	0.03	中间产品	高替代弹性
美国	2003	27	0.17	中间产品	高替代弹性
美国	2003	30	0.00	最终产品	高替代弹性
美国	2003	31	0.00	中间产品	低替代弹性
美国	2003	47	0.00	中间产品	高替代弹性

(续表)

国 家	年 份	HS2 位码	关税均值	BEC 分类	替代弹性分类
美国	2003	48	0.27	中间产品	高替代弹性
美国	2003	49	0.09	最终产品	低替代弹性
美国	2003	88	0.20	中间产品	高替代弹性
美国	2003	97	0.00	最终产品	低替代弹性
美国	2004	25	0.24	中间产品	低替代弹性
美国	2004	26	0.03	中间产品	高替代弹性
美国	2004	27	0.17	中间产品	高替代弹性
美国	2004	30	0.00	最终产品	高替代弹性
美国	2004	31	0.00	中间产品	低替代弹性
美国	2004	47	0.00	中间产品	高替代弹性
美国	2004	48	0.00	中间产品	高替代弹性
美国	2004	49	0.00	最终产品	低替代弹性
美国	2004	88	0.20	中间产品	高替代弹性
美国	2004	97	0.00	最终产品	低替代弹性
美国	2005	25	0.24	中间产品	低替代弹性
美国	2005	26	0.03	中间产品	高替代弹性
美国	2005	27	0.17	中间产品	高替代弹性
美国	2005	30	0.00	最终产品	高替代弹性
美国	2005	31	0.00	中间产品	低替代弹性
美国	2005	47	0.00	中间产品	高替代弹性
美国	2005	48	0.00	中间产品	高替代弹性
美国	2005	49	0.00	最终产品	低替代弹性
美国	2005	88	0.20	中间产品	高替代弹性
美国	2005	97	0.00	最终产品	低替代弹性
美国	2006	25	0.24	中间产品	低替代弹性

附表3 2000—2014年中美排名前10的最低关税产品特征情况

（续表）

国 家	年 份	HS2位码	关税均值	BEC分类	替代弹性分类
美国	2006	26	0.03	中间产品	高替代弹性
美国	2006	27	0.17	中间产品	高替代弹性
美国	2006	30	0.00	最终产品	高替代弹性
美国	2006	31	0.00	中间产品	低替代弹性
美国	2006	47	0.00	中间产品	高替代弹性
美国	2006	48	0.00	中间产品	高替代弹性
美国	2006	49	0.00	最终产品	低替代弹性
美国	2006	88	0.20	中间产品	高替代弹性
美国	2006	97	0.00	最终产品	低替代弹性
美国	2007	25	0.23	中间产品	低替代弹性
美国	2007	26	0.03	中间产品	高替代弹性
美国	2007	27	0.17	中间产品	高替代弹性
美国	2007	30	0.00	最终产品	高替代弹性
美国	2007	31	0.00	中间产品	低替代弹性
美国	2007	47	0.00	中间产品	高替代弹性
美国	2007	48	0.00	中间产品	高替代弹性
美国	2007	49	0.00	最终产品	低替代弹性
美国	2007	88	0.21	中间产品	高替代弹性
美国	2007	97	0.00	最终产品	低替代弹性
美国	2008	25	0.23	中间产品	低替代弹性
美国	2008	26	0.03	中间产品	高替代弹性
美国	2008	27	0.17	中间产品	高替代弹性
美国	2008	30	0.00	最终产品	高替代弹性
美国	2008	31	0.00	中间产品	低替代弹性
美国	2008	47	0.00	中间产品	高替代弹性

(续表)

国 家	年 份	HS2 位码	关税均值	BEC 分类	替代弹性分类
美国	2008	48	0.00	中间产品	高替代弹性
美国	2008	49	0.00	最终产品	低替代弹性
美国	2008	88	0.21	中间产品	高替代弹性
美国	2008	97	0.00	最终产品	低替代弹性
美国	2009	25	0.23	中间产品	低替代弹性
美国	2009	26	0.03	中间产品	高替代弹性
美国	2009	27	0.17	中间产品	高替代弹性
美国	2009	30	0.00	最终产品	高替代弹性
美国	2009	31	0.00	中间产品	低替代弹性
美国	2009	47	0.00	中间产品	高替代弹性
美国	2009	48	0.00	中间产品	高替代弹性
美国	2009	49	0.00	最终产品	低替代弹性
美国	2009	88	0.21	中间产品	高替代弹性
美国	2009	97	0.00	最终产品	低替代弹性
美国	2010	25	0.23	中间产品	低替代弹性
美国	2010	26	0.03	中间产品	高替代弹性
美国	2010	27	0.17	中间产品	高替代弹性
美国	2010	30	0.00	最终产品	高替代弹性
美国	2010	31	0.00	中间产品	低替代弹性
美国	2010	47	0.00	中间产品	高替代弹性
美国	2010	48	0.00	中间产品	高替代弹性
美国	2010	49	0.00	最终产品	低替代弹性
美国	2010	88	0.21	中间产品	高替代弹性
美国	2010	97	0.00	最终产品	低替代弹性
美国	2011	25	0.23	中间产品	低替代弹性

附表3 2000—2014年中美排名前10的最低关税产品特征情况

(续表)

国 家	年 份	HS2位码	关税均值	BEC分类	替代弹性分类
美国	2011	26	0.03	中间产品	高替代弹性
美国	2011	27	0.17	中间产品	高替代弹性
美国	2011	30	0.00	最终产品	高替代弹性
美国	2011	31	0.00	中间产品	低替代弹性
美国	2011	47	0.00	中间产品	高替代弹性
美国	2011	48	0.00	中间产品	高替代弹性
美国	2011	49	0.00	最终产品	低替代弹性
美国	2011	88	0.21	中间产品	高替代弹性
美国	2011	97	0.00	最终产品	低替代弹性
美国	2012	25	0.24	中间产品	低替代弹性
美国	2012	26	0.03	中间产品	高替代弹性
美国	2012	27	0.17	中间产品	高替代弹性
美国	2012	30	0.00	最终产品	高替代弹性
美国	2012	31	0.00	中间产品	低替代弹性
美国	2012	47	0.00	中间产品	高替代弹性
美国	2012	48	0.08	中间产品	高替代弹性
美国	2012	49	0.00	最终产品	低替代弹性
美国	2012	88	0.21	中间产品	高替代弹性
美国	2012	97	0.00	最终产品	低替代弹性
美国	2013	25	0.24	中间产品	低替代弹性
美国	2013	26	0.03	中间产品	高替代弹性
美国	2013	27	0.17	中间产品	高替代弹性
美国	2013	30	0.00	最终产品	高替代弹性
美国	2013	31	0.00	中间产品	低替代弹性
美国	2013	47	0.00	中间产品	高替代弹性

(续表)

国　家	年　份	HS2 位码	关税均值	BEC 分类	替代弹性分类
美国	2013	48	0.08	中间产品	高替代弹性
美国	2013	49	0.00	最终产品	低替代弹性
美国	2013	88	0.21	中间产品	高替代弹性
美国	2013	97	0.00	最终产品	低替代弹性
美国	2014	25	0.24	中间产品	低替代弹性
美国	2014	26	0.03	中间产品	高替代弹性
美国	2014	27	0.17	中间产品	高替代弹性
美国	2014	30	0.00	最终产品	高替代弹性
美国	2014	31	0.00	中间产品	低替代弹性
美国	2014	47	0.00	中间产品	高替代弹性
美国	2014	48	0.08	中间产品	高替代弹性
美国	2014	49	0.00	最终产品	低替代弹性
美国	2014	88	0.21	中间产品	高替代弹性
美国	2014	97	0.00	最终产品	低替代弹性

附表4 2000—2014年中美排名前10的最高关税产品特征情况

国　家	年　份	HS2位码	关税均值(%)	BEC分类	替代弹性分类
中国	2000	4	36.77	最终产品	高替代弹性
中国	2000	8	30.09	最终产品	高替代弹性
中国	2000	10	54.38	中间产品	低替代弹性
中国	2000	11	44.53	中间产品	低替代弹性
中国	2000	15	40.52	中间产品	高替代弹性
中国	2000	17	42.88	中间产品	高替代弹性
中国	2000	21	39.77	最终产品	低替代弹性
中国	2000	22	56.79	最终产品	高替代弹性
中国	2000	24	56.67	最终产品	高替代弹性
中国	2000	87	35.00	中间产品	高替代弹性
中国	2001	4	33.11	最终产品	高替代弹性
中国	2001	8	28.42	最终产品	高替代弹性
中国	2001	10	54.34	中间产品	低替代弹性
中国	2001	11	43.48	中间产品	低替代弹性
中国	2001	15	39.22	中间产品	高替代弹性
中国	2001	17	41.88	中间产品	高替代弹性
中国	2001	21	37.06	最终产品	低替代弹性

(续表)

国家	年份	HS2位码	关税均值(%)	BEC分类	替代弹性分类
中国	2001	22	51.88	最终产品	高替代弹性
中国	2001	24	49.33	最终产品	高替代弹性
中国	2001	87	31.42	中间产品	高替代弹性
中国	2002	4	23.82	最终产品	高替代弹性
中国	2002	8	23.24	最终产品	高替代弹性
中国	2002	10	33.69	中间产品	低替代弹性
中国	2002	11	30.04	中间产品	低替代弹性
中国	2002	17	33.55	中间产品	高替代弹性
中国	2002	20	22.81	最终产品	高替代弹性
中国	2002	21	29.35	最终产品	低替代弹性
中国	2002	22	38.76	最终产品	高替代弹性
中国	2002	24	39.33	最终产品	高替代弹性
中国	2002	87	23.64	中间产品	高替代弹性
中国	2003	8	21.08	最终产品	高替代弹性
中国	2003	10	32.08	中间产品	低替代弹性
中国	2003	11	27.88	中间产品	低替代弹性
中国	2003	17	30.35	中间产品	高替代弹性
中国	2003	20	21.28	最终产品	高替代弹性
中国	2003	21	26.07	最终产品	低替代弹性
中国	2003	22	31.89	最终产品	高替代弹性
中国	2003	24	34.44	最终产品	高替代弹性
中国	2003	37	21.31	中间产品	低替代弹性
中国	2003	67	21.50	中间产品	低替代弹性
中国	2004	10	32.03	中间产品	低替代弹性
中国	2004	11	26.83	中间产品	低替代弹性

附表4 2000—2014年中美排名前10的最高关税产品特征情况

(续表)

国 家	年 份	HS2 位码	关税均值(%)	BEC 分类	替代弹性分类
中国	2004	17	29.25	中间产品	高替代弹性
中国	2004	19	19.80	最终产品	高替代弹性
中国	2004	20	19.82	最终产品	高替代弹性
中国	2004	21	22.78	最终产品	低替代弹性
中国	2004	22	26.68	最终产品	高替代弹性
中国	2004	24	30.67	最终产品	高替代弹性
中国	2004	37	21.00	中间产品	低替代弹性
中国	2004	67	21.50	中间产品	低替代弹性
中国	2005	11	20.39	中间产品	低替代弹性
中国	2005	17	23.00	中间产品	高替代弹性
中国	2005	19	19.41	最终产品	高替代弹性
中国	2005	20	19.69	最终产品	高替代弹性
中国	2005	21	22.36	最终产品	低替代弹性
中国	2005	22	22.93	最终产品	高替代弹性
中国	2005	24	30.67	最终产品	高替代弹性
中国	2005	64	19.66	最终产品	高替代弹性
中国	2005	67	21.45	中间产品	低替代弹性
中国	2005	96	19.77	最终产品	低替代弹性
中国	2006	10	30.47	中间产品	低替代弹性
中国	2006	11	25.71	中间产品	低替代弹性
中国	2006	17	27.38	中间产品	高替代弹性
中国	2006	20	19.70	最终产品	高替代弹性
中国	2006	21	22.54	最终产品	低替代弹性
中国	2006	22	22.82	最终产品	高替代弹性
中国	2006	24	28.78	最终产品	高替代弹性

(续表)

国家	年份	HS2 位码	关税均值(%)	BEC 分类	替代弹性分类
中国	2006	64	19.66	最终产品	高替代弹性
中国	2006	67	21.50	中间产品	低替代弹性
中国	2006	96	19.78	最终产品	低替代弹性
中国	2007	10	30.47	中间产品	低替代弹性
中国	2007	11	26.03	中间产品	低替代弹性
中国	2007	17	27.38	中间产品	高替代弹性
中国	2007	20	19.70	最终产品	高替代弹性
中国	2007	21	22.54	最终产品	低替代弹性
中国	2007	22	22.72	最终产品	高替代弹性
中国	2007	24	30.67	最终产品	高替代弹性
中国	2007	67	21.50	中间产品	低替代弹性
中国	2007	92	19.64	最终产品	低替代弹性
中国	2007	96	19.68	最终产品	低替代弹性
中国	2008	10	30.47	中间产品	低替代弹性
中国	2008	11	26.03	中间产品	低替代弹性
中国	2008	17	27.38	中间产品	高替代弹性
中国	2008	20	19.68	最终产品	高替代弹性
中国	2008	21	20.66	最终产品	低替代弹性
中国	2008	22	22.61	最终产品	高替代弹性
中国	2008	24	30.67	最终产品	高替代弹性
中国	2008	67	21.50	中间产品	低替代弹性
中国	2008	92	19.64	最终产品	低替代弹性
中国	2008	96	19.36	最终产品	低替代弹性
中国	2009	10	30.47	中间产品	低替代弹性
中国	2009	11	26.03	中间产品	低替代弹性

附表4 2000—2014年中美排名前10的最高关税产品特征情况

(续表)

国　家	年　份	HS2位码	关税均值(%)	BEC分类	替代弹性分类
中国	2009	17	27.38	中间产品	高替代弹性
中国	2009	20	19.69	最终产品	高替代弹性
中国	2009	21	21.91	最终产品	低替代弹性
中国	2009	22	22.51	最终产品	高替代弹性
中国	2009	24	30.67	最终产品	高替代弹性
中国	2009	64	19.15	最终产品	高替代弹性
中国	2009	67	21.50	中间产品	低替代弹性
中国	2009	96	19.36	最终产品	低替代弹性
中国	2010	10	30.47	中间产品	低替代弹性
中国	2010	11	26.03	中间产品	低替代弹性
中国	2010	17	27.38	中间产品	高替代弹性
中国	2010	20	19.72	最终产品	高替代弹性
中国	2010	21	22.41	最终产品	低替代弹性
中国	2010	22	21.27	最终产品	高替代弹性
中国	2010	24	30.67	最终产品	高替代弹性
中国	2010	64	19.15	最终产品	高替代弹性
中国	2010	67	21.50	中间产品	低替代弹性
中国	2010	96	19.36	最终产品	低替代弹性
中国	2011	10	30.47	中间产品	低替代弹性
中国	2011	11	26.03	中间产品	低替代弹性
中国	2011	17	27.38	中间产品	高替代弹性
中国	2011	20	19.72	最终产品	高替代弹性
中国	2011	21	22.41	最终产品	低替代弹性
中国	2011	22	21.27	最终产品	高替代弹性
中国	2011	24	30.67	最终产品	高替代弹性

(续表)

国家	年份	HS2位码	关税均值(%)	BEC分类	替代弹性分类
中国	2011	64	19.15	最终产品	高替代弹性
中国	2011	67	21.50	中间产品	低替代弹性
中国	2011	96	19.38	最终产品	低替代弹性
中国	2014	11	21.38	中间产品	低替代弹性
中国	2014	17	23.00	中间产品	高替代弹性
中国	2014	19	18.82	最终产品	高替代弹性
中国	2014	20	19.59	最终产品	高替代弹性
中国	2014	21	21.48	最终产品	低替代弹性
中国	2014	22	21.05	最终产品	高替代弹性
中国	2014	24	29.72	最终产品	高替代弹性
中国	2014	64	19.32	最终产品	高替代弹性
中国	2014	67	21.45	中间产品	低替代弹性
中国	2014	96	19.34	最终产品	低替代弹性
美国	2000	4	12.66	最终产品	高替代弹性
美国	2000	20	10.64	最终产品	高替代弹性
美国	2000	24	204.17	最终产品	高替代弹性
美国	2000	54	11.29	中间产品	低替代弹性
美国	2000	55	11.88	中间产品	高替代弹性
美国	2000	58	10.21	中间产品	高替代弹性
美国	2000	60	11.97	中间产品	高替代弹性
美国	2000	61	13.71	最终产品	高替代弹性
美国	2000	62	10.75	最终产品	高替代弹性
美国	2000	64	12.26	最终产品	高替代弹性
美国	2001	4	12.66	最终产品	高替代弹性
美国	2001	20	10.64	最终产品	高替代弹性

附表4 2000—2014年中美排名前10的最高关税产品特征情况

(续表)

国家	年份	HS2位码	关税均值(%)	BEC分类	替代弹性分类
美国	2001	24	204.17	最终产品	高替代弹性
美国	2001	54	11.03	中间产品	低替代弹性
美国	2001	55	11.51	中间产品	高替代弹性
美国	2001	58	9.75	中间产品	高替代弹性
美国	2001	60	11.61	中间产品	高替代弹性
美国	2001	61	13.40	最终产品	高替代弹性
美国	2001	62	10.53	最终产品	高替代弹性
美国	2001	64	12.26	最终产品	高替代弹性
美国	2002	4	12.66	最终产品	高替代弹性
美国	2002	12	10.02	中间产品	低替代弹性
美国	2002	20	10.91	最终产品	高替代弹性
美国	2002	24	204.17	最终产品	高替代弹性
美国	2002	54	10.76	中间产品	低替代弹性
美国	2002	55	11.17	中间产品	高替代弹性
美国	2002	60	11.41	中间产品	高替代弹性
美国	2002	61	13.15	最终产品	高替代弹性
美国	2002	62	10.32	最终产品	高替代弹性
美国	2002	64	12.25	最终产品	高替代弹性
美国	2003	4	12.66	最终产品	高替代弹性
美国	2003	12	10.03	中间产品	低替代弹性
美国	2003	20	10.83	最终产品	高替代弹性
美国	2003	24	204.17	最终产品	高替代弹性
美国	2003	54	10.49	中间产品	低替代弹性
美国	2003	55	10.81	中间产品	高替代弹性
美国	2003	60	11.03	中间产品	高替代弹性

(续表)

国家	年份	HS2位码	关税均值(%)	BEC分类	替代弹性分类
美国	2003	61	12.85	最终产品	高替代弹性
美国	2003	62	10.12	最终产品	高替代弹性
美国	2003	64	12.25	最终产品	高替代弹性
美国	2004	4	12.66	最终产品	高替代弹性
美国	2004	12	10.03	中间产品	低替代弹性
美国	2004	20	10.83	最终产品	高替代弹性
美国	2004	24	204.17	最终产品	高替代弹性
美国	2004	54	10.18	中间产品	低替代弹性
美国	2004	55	10.77	中间产品	高替代弹性
美国	2004	60	10.66	中间产品	高替代弹性
美国	2004	61	12.54	最终产品	高替代弹性
美国	2004	62	10.01	最终产品	高替代弹性
美国	2004	64	12.24	最终产品	高替代弹性
美国	2005	4	12.66	最终产品	高替代弹性
美国	2005	12	10.03	中间产品	低替代弹性
美国	2005	20	10.83	最终产品	高替代弹性
美国	2005	24	204.17	最终产品	高替代弹性
美国	2005	54	10.18	中间产品	低替代弹性
美国	2005	55	10.77	中间产品	高替代弹性
美国	2005	60	10.66	中间产品	高替代弹性
美国	2005	61	12.54	最终产品	高替代弹性
美国	2005	62	10.01	最终产品	高替代弹性
美国	2005	64	12.24	最终产品	高替代弹性
美国	2006	4	12.66	最终产品	高替代弹性
美国	2006	12	10.03	中间产品	低替代弹性

附表4 2000—2014年中美排名前10的最高关税产品特征情况

(续表)

国家	年份	HS2位码	关税均值(%)	BEC分类	替代弹性分类
美国	2006	20	10.83	最终产品	高替代弹性
美国	2006	24	204.17	最终产品	高替代弹性
美国	2006	54	10.18	中间产品	低替代弹性
美国	2006	55	10.77	中间产品	高替代弹性
美国	2006	60	10.66	中间产品	高替代弹性
美国	2006	61	12.54	最终产品	高替代弹性
美国	2006	62	10.01	最终产品	高替代弹性
美国	2006	64	12.24	最终产品	高替代弹性
美国	2007	4	12.29	最终产品	高替代弹性
美国	2007	12	13.08	中间产品	低替代弹性
美国	2007	20	11.57	最终产品	高替代弹性
美国	2007	24	204.98	最终产品	高替代弹性
美国	2007	54	10.31	中间产品	低替代弹性
美国	2007	55	10.62	中间产品	高替代弹性
美国	2007	60	10.70	中间产品	高替代弹性
美国	2007	61	12.78	最终产品	高替代弹性
美国	2007	62	10.08	最终产品	高替代弹性
美国	2007	64	11.11	最终产品	高替代弹性
美国	2008	4	12.66	最终产品	高替代弹性
美国	2008	12	13.08	中间产品	低替代弹性
美国	2008	20	10.82	最终产品	高替代弹性
美国	2008	24	204.17	最终产品	高替代弹性
美国	2008	54	10.31	中间产品	低替代弹性
美国	2008	55	10.62	中间产品	高替代弹性
美国	2008	60	10.70	中间产品	高替代弹性

(续表)

国家	年份	HS2位码	关税均值(%)	BEC分类	替代弹性分类
美国	2008	61	12.78	最终产品	高替代弹性
美国	2008	62	10.08	最终产品	高替代弹性
美国	2008	64	11.11	最终产品	高替代弹性
美国	2009	4	12.66	最终产品	高替代弹性
美国	2009	12	13.08	中间产品	低替代弹性
美国	2009	20	10.82	最终产品	高替代弹性
美国	2009	24	204.17	最终产品	高替代弹性
美国	2009	54	10.31	中间产品	低替代弹性
美国	2009	55	10.62	中间产品	高替代弹性
美国	2009	60	10.70	中间产品	高替代弹性
美国	2009	61	12.78	最终产品	高替代弹性
美国	2009	62	10.08	最终产品	高替代弹性
美国	2009	64	11.11	最终产品	高替代弹性
美国	2010	4	12.66	最终产品	高替代弹性
美国	2010	12	13.08	中间产品	低替代弹性
美国	2010	20	10.82	最终产品	高替代弹性
美国	2010	24	204.17	最终产品	高替代弹性
美国	2010	54	10.31	中间产品	低替代弹性
美国	2010	55	10.62	中间产品	高替代弹性
美国	2010	60	10.70	中间产品	高替代弹性
美国	2010	61	12.78	最终产品	高替代弹性
美国	2010	62	10.08	最终产品	高替代弹性
美国	2010	64	11.11	最终产品	高替代弹性
美国	2011	4	12.66	最终产品	高替代弹性
美国	2011	12	13.08	中间产品	低替代弹性

附表4　2000—2014年中美排名前10的最高关税产品特征情况

（续表）

国　家	年　份	HS2位码	关税均值(%)	BEC分类	替代弹性分类
美国	2011	20	10.82	最终产品	高替代弹性
美国	2011	24	204.17	最终产品	高替代弹性
美国	2011	54	10.31	中间产品	低替代弹性
美国	2011	55	10.62	中间产品	高替代弹性
美国	2011	60	10.70	中间产品	高替代弹性
美国	2011	61	12.78	最终产品	高替代弹性
美国	2011	62	10.08	最终产品	高替代弹性
美国	2011	64	11.11	最终产品	高替代弹性
美国	2012	4	12.66	最终产品	高替代弹性
美国	2012	12	10.55	中间产品	低替代弹性
美国	2012	20	11.17	最终产品	高替代弹性
美国	2012	24	204.17	最终产品	高替代弹性
美国	2012	54	10.31	中间产品	低替代弹性
美国	2012	55	10.62	中间产品	高替代弹性
美国	2012	60	10.70	中间产品	高替代弹性
美国	2012	61	12.78	最终产品	高替代弹性
美国	2012	62	10.08	最终产品	高替代弹性
美国	2012	64	10.49	最终产品	高替代弹性
美国	2013	4	12.66	最终产品	高替代弹性
美国	2013	12	10.55	中间产品	低替代弹性
美国	2013	20	10.79	最终产品	高替代弹性
美国	2013	24	204.17	最终产品	高替代弹性
美国	2013	54	10.31	中间产品	低替代弹性
美国	2013	55	10.62	中间产品	高替代弹性
美国	2013	60	10.70	中间产品	高替代弹性

(续表)

国　家	年　份	HS2位码	关税均值(%)	BEC分类	替代弹性分类
美国	2013	61	12.78	最终产品	高替代弹性
美国	2013	62	10.08	最终产品	高替代弹性
美国	2013	64	10.49	最终产品	高替代弹性
美国	2014	4	12.66	最终产品	高替代弹性
美国	2014	12	10.55	中间产品	低替代弹性
美国	2014	20	10.79	最终产品	高替代弹性
美国	2014	24	204.17	最终产品	高替代弹性
美国	2014	54	10.31	中间产品	低替代弹性
美国	2014	55	10.62	中间产品	高替代弹性
美国	2014	60	10.70	中间产品	高替代弹性
美国	2014	61	12.78	最终产品	高替代弹性
美国	2014	62	10.08	最终产品	高替代弹性
美国	2014	64	10.49	最终产品	高替代弹性

附表5　中美贸易摩擦三轮加征关税清单产品名录总结

第一轮中美贸易摩擦加征关税清单产品名录

中国对美关税清单（第一轮：已于2018年7月6日生效）			
HS章目编号	HS章目释义	产品数目	举例说明
第2章	肉及食用杂碎	48	鲜、冷、冻的牛肉、猪肉、羊肉及杂碎，家禽鲜、冷、冻肉及食用杂碎
第3章	鱼、甲壳动物、软体动物及其他水生无脊椎动物	182	活鱼，鲜、冻鱼，甲壳动物，软体动物
第4章	乳品，蛋品，天然蜂蜜，其他食用动物产品	21	乳及奶油，黄油，乳酪等
第5章	其他动物产品	1	冷、冻的鸡胗
第7章	食用蔬菜、根及块茎	93	鲜或冷藏的马铃薯、番茄、洋葱、卷心菜、胡萝卜、黄瓜等蔬菜，干豆，木薯等
第8章	食用水果及坚果，柑橘属水果或甜瓜的果皮	86	椰子，腰果，核桃，板栗，菠萝，芒果，西瓜等
第10章	谷物	14	其他硬粒小麦，其他玉米，糙米，精米
第11章	制粉工业产品，麦芽，淀粉，菊粉，面筋	5	玉米细粉，大米细粉等
第12章	含油子仁及果实，杂项子仁及果实，工业用或药用植物，稻草、秸秆及饲料	4	黄大豆，黑大豆

(续表)

HS章目编号	HS章目释义	产品数目	举 例 说 明
第14章	编结用植物材料,其他植物产品	1	棉短绒
第16章	肉、鱼、甲壳动物、软体动物及其他水生无脊椎动物的制品	41	制作或保藏的鱼,鱼翅罐头,制作或保藏的甲壳动物、软体动物
第20章	蔬菜、水果、坚果或植物其他部分的制品	3	蔓越橘,橙汁
第22章	饮料、酒及醋	2	任何浓度的改性乙醇及其他酒精,威士忌酒
第23章	食品工业的残渣及废料,配制的动物饲料	3	零售包装的狗食或猫食
第24章	烟草、烟草及烟草代用品的制品	12	烟草,卷烟,雪茄烟
第52章	棉花	1	未梳的棉花
第87章	车辆及其零件、附件,但铁道及电车道车辆除外	28	点燃式发动机、混合动力的越野车、小客车,纯电动车,点燃式发动机的货车
总 计			545项

美国对中关税清单(第一轮:已于2018年7月6日生效)			
HS章目编号	HS章目释义	产品数目	举 例 说 明
第28章	无机化学品,贵金属、稀土金属、放射性元素及其同位素的有机及无机化合物	1	除重水以外的品目2 844及其化合物以外的同位素
第40章	橡胶及其制品	2	飞机新型橡胶充气轮胎
第84章	核反应堆、锅炉、机器、机械器具及其零件	417	核反应堆,蒸汽涡轮机、柴油机,挖掘机,海洋钻井平台,联合收割机,数控机床

附表 5 中美贸易摩擦三轮加征关税清单产品名录总结

(续表)

HS章目编号	HS章目释义	产品数目	举例说明
第85章	电机、电气设备及其零件,录音机及放声机,电视图像、声音的录制和重放设备及其零件、附件	186	直流、交流电动机,风力发电机组,雷达设备,发光二极管
第86章	铁道及电车道机车、车辆及其零件,铁道及电车道轨道固定装置及其零件、附件,各种机械(包括电动机械)交通信号设备	17	电机铁路电力机车,铁道及电车道机车零件
第87章	车辆及其零件、附件,但铁道及电车道车辆除外	41	柴油机客车,货运机动车辆,摩托车,救火车
第88章	航空器、航天器及其零件	15	直升机,飞机及其他航空器,航天器,通信卫星
第89章	船舶及浮动结构体	10	渡轮,货运轮船,油轮,渔船,浮动钻井平台
第90章	光学、照相、电影、计量、检验、医疗或外科用仪器及设备、精密仪器及设备,上述物品的零件、附件	129	立体显微镜,电子导航仪器和装置,心电图机,自动恒温器
总 计		818	

第二轮中美贸易摩擦加征关税清单产品名录

中国对美关税清单(第二轮:已于2018年8月23日生效)			
HS章目编号	HS章目释义	产品数目	举例说明
第23章	食品工业的残渣及废料,配制的动物饲料	1	饲料用鱼粉
第26章	矿砂、矿渣及矿灰	3	冶炼钢铁产生的锰渣,熔渣、浮渣、氧化皮及其他废料
第27章	矿物燃料、矿物油及其蒸馏产品,沥青物质,矿物蜡	64	未制成型的无烟煤,煤气、水炉及类似体,柴油,沥青等

(续表)

HS章目编号	HS章目释义	产品数目	举例说明
第29章	有机化学品	11	乙烯,丙烯,苯乙烯,丙烯腈
第34章	肥皂、有机表面活性剂、洗涤剂、润滑剂、人造蜡、调制蜡、光洁剂、蜡烛及类似品、塑型用膏、"牙科用蜡"及牙科用熟石膏制剂	3	润滑剂,非离子型有机表面活性剂
第35章	蛋白类物质,改性淀粉,胶,酶	1	以其他橡胶或塑料为基本成分的黏合剂
第39章	塑料及其制品	13	初级形状的聚丙烯,初级形状的其他丙烯共聚物
第40章	橡胶及其制品	1	卤代丁基橡胶板、片、带
第44章	木及木制品,木炭	3	木屑棒
第45章	软木及软木制品	1	软木废料
第47章	木浆及其他纤维状纤维素浆,纸及纸板的废碎品	4	机械木浆制的纸或纸板的废碎品
第51章	羊毛、动物细毛或粗毛,马毛纱线及其机织物	4	动物粗毛废料
第52章	棉花	3	棉的回收纤维,其他废棉
第55章	化学纤维短纤	2	人造、合成纤维废料
第63章	其他纺织制成品,成套物品,旧衣着及旧纺织品,碎织物	2	经分拣的纺织材料制碎织物等
第70章	玻璃及其制品	1	光导纤维预制棒
第71章	天然或养殖珍珠、宝石或半宝石、贵金属、包贵金属及其制品,仿首饰,硬币	2	金及包金的废碎料
第72章	钢铁	7	铸铁、不锈钢等废碎料
第73章	钢铁制品	2	其他工业与非工业用钢铁制品
第74章	铜及其制品	1	铜废碎料

附表 5 中美贸易摩擦三轮加征关税清单产品名录总结

(续表)

HS 章目编号	HS 章目释义	产品数目	举 例 说 明
第 75 章	镍及其制品	1	镍废碎料
第 76 章	铝及其制品	1	铝废碎料
第 79 章	锌及其制品	1	锌废碎料
第 80 章	锡及其制品	1	锡废碎料
第 81 章	其他贱金属、金属陶瓷及其制品	12	钨、钽、镁等废碎料,未锻轧锗、钒等
第 85 章	电机、电气设备及其零件,录音机及放声机、电视图像、声音的录制和重放设备及其零件、附件	2	工作电压不超过 36 伏的接插件,其他接插件
第 87 章	车辆及其零件、附件,但铁道及电车道车辆除外	178	客运机动车辆,载人的机动车辆,货运机动车辆,摩托车,自行车等
第 89 章	船舶及浮动结构体	1	供拆卸的船舶及其他浮动结构体
第 90 章	光学、照相、电影、计量、检验、医疗或外科用仪器及设备、精密仪器及设备,上述物品的零件、附件	7	光导纤维束及光缆,核磁共振成像成套装置,眼科用其他仪器及器具
总 计		333	

美国对中关税清单(第二轮:已于 2018 年 8 月 23 日生效)			
HS 章目编号	HS 章目释义	产品数目	举 例 说 明
第 27 章	矿物燃料、矿物油及其蒸馏产品,沥青物质,矿物蜡	3	石油及从沥青矿物提取的油类
第 34 章	肥皂、有机表面活性剂、洗涤剂、润滑剂、人造蜡、调制蜡、光洁剂、蜡烛及类似品、塑型用膏、"牙科用蜡"及牙科用熟石膏制剂	3	润滑剂及用于纺织材料、皮革、毛皮油脂处理的制剂

(续表)

HS章目编号	HS章目释义	产品数目	举 例 说 明
第38章	杂项化学产品	2	从沥青矿物中的添加剂或油
第39章	塑料及其制品	146	乙烯聚合物,丙烯聚合物,塑料制管子,其他塑料板、片、膜等
第70章	玻璃及其制品	1	未加工的熔融石英玻璃棒
第73章	钢铁制品	6	桥梁及桥梁体段,塔楼,钢结构或部件
第76章	铝及其制品	2	非绝缘的铝制绞股线、电缆
第84章	核反应堆、锅炉、机器、机械器具及其零件	31	制造纸浆、纸或纸板的机械和设备,播种机,制造半导体、平板显示器的机器和设备
第85章	电机、电气设备及其零件,录音机及放声机、电视图像、声音的录制和重放设备及其零件、附件	36	直流或交流电机,蓄电池,储存器,电子集成电路
第86章	铁道及电车道机车、车辆及其零件,铁道及电车道轨道固定装置及其零件、附件,各种机械(包括电动机械)交通信号设备	13	电池驱动的铁路机车,柴油电力机车,轨道客车及其零部件,集装箱
第87章	车辆及其零件、附件,但铁道及电车道车辆除外	19	拖拉机,货物运输机车,摩托车和自行车
第89章	船舶及浮动结构体	1	冷藏船和货运船舶
第90章	光学、照相、电影、计量、检验、医疗或外科用仪器及设备、精密仪器及设备,上述物品的零件、附件	16	定向罗盘,温度计,校准仪表,万用表
总 计		279	

附表5 中美贸易摩擦三轮加征关税清单产品名录总结

第三轮中美贸易摩擦加征关税清单产品名录

\multicolumn{4}{c	}{中国对美关税清单(已于2018年9月24日生效)}
HS章目编号	HS章目释义	产品数目	举例说明
\multicolumn{4}{c	}{中国对美征税10%}
第1章	活动物	2	其他马,其他动物
第2章	肉及食用杂碎	3	干、熏、盐制的牛肉及他肉及食用杂碎
第3章	鱼、甲壳动物、软体动物及其他水生无脊椎动物	1	熏鲱鱼,食用杂碎除外
第4章	乳品,蛋品,天然蜂蜜,其他食用动物产品	3	天然蜂蜜,其他蜂产品
第5章	其他动物产品	7	整个或切块猪肠衣,珊瑚及介、贝、棘皮动物的壳、骨,填充用羽毛、羽绒
第6章	活树及其他活植物,鳞茎、根及类似品,插花及装饰用簇叶	7	其他非种用活植物,鲜苔藓及地衣,其他食用水果及坚果树及灌木
第7章	食用蔬菜、根及块茎	4	冷冻豌豆、其他豆类蔬菜、菠菜等
第8章	食用水果及坚果,柑橘属水果或甜瓜的果皮	4	柑橘属水果或甜瓜的果皮,冷冻草莓等
第9章	咖啡、茶、马黛茶及调味香料	18	咖啡,花茶,绿茶,乌龙茶,胡椒等
第11章	制粉工业产品,麦芽,淀粉,菊粉,面筋	15	小麦细粉,马铃薯粉片,马铃薯淀粉,面筋等
第12章	含油子仁及果实,杂项子仁及果实,工业用或药用植物,稻草、秸秆及饲料	12	未去壳花生,其他葵花籽,鲜、冷、冻或干的主要用作香料的植物等
第13章	虫胶,树胶,树脂及其他植物液、汁	9	果胶、果胶酸盐及果胶酸酯,琼脂,阿拉伯胶等
第14章	编结用植物材料,其他植物产品	2	竹,其他植物产品

195

（续表）

HS章目编号	HS章目释义	产品数目	举例说明
第15章	动植物油、脂及其分解产品，精制的食用油脂，动植物蜡	29	鱼肝油及其分离品，初榨亚麻子油及其分离品，芝麻油及其分离品等
第16章	肉、鱼、甲壳动物、软体动物及其他水生无脊椎动物的制品	5	制作或保藏的猪后腿及其肉块，用天然肠衣做外包装的香肠及类似产品等
第17章	糖及糖食	10	砂糖，化学纯果糖，口香糖等
第18章	可可及可可制品	8	未脱脂可可膏，可可油，可可脂等
第19章	谷物、粮食粉、淀粉或乳的制品，糕饼点心	15	包馅面食，配方奶粉，华夫饼干及圣餐饼等
第20章	蔬菜、水果、坚果或植物其他部分的制品	45	水果罐头，混合蔬菜汁，混合水果汁等
第21章	杂项食品	11	活性酵母，冰淇淋，发酵粉等
第22章	饮料、酒及醋	24	天然水及汽水，葡萄酒，白酒，伏特加酒等
第23章	食品工业的残渣及废料，配制的动物饲料	4	玉米糠、麸及其他残渣等
第25章	盐，硫磺，泥土及石料，石膏料，石灰及水泥	47	食用盐，天然石墨，花岗岩，生熟石灰等
第26章	矿砂、矿渣及矿灰	11	铁、锰、铜、镍等矿砂及精矿
第27章	矿物燃料、矿物油及其蒸馏产品，沥青物质，矿物蜡	1	液化天然气
第28章	无机化学品，贵金属、稀土金属、放射性元素及其同位素的有机及无机化合物	118	氢，碘，钙，硫酸，二氧化碳，胶态贵金属等
第29章	有机化学品	187	甲酸，甲胺，含氮基化合物，乙炔，阿斯巴甜，甲醇等
第30章	药品	4	橡皮膏，化学避孕药
第31章	肥料	12	尿素，硝酸钠，氯化钠，含磷、钾元素的肥料

附表 5　中美贸易摩擦三轮加征关税清单产品名录总结

(续表)

HS章目编号	HS章目释义	产品数目	举例说明
第32章	鞣料浸膏及染料浸膏,鞣酸及其衍生物,染料、颜料及其他着色料,油漆及清漆,油灰及其他胶黏剂,墨水、油墨	41	坚木浸膏,胡萝卜素,印刷油墨,催干剂等
第33章	精油及香膏,芳香料制品及化妆盥洗品	29	香水及花露水,化妆品及护肤品,牙膏等
第34章	肥皂、有机表面活性剂、洗涤剂、润滑剂、人造蜡、调制蜡、光洁剂、蜡烛及类似品、塑型用膏、"牙科用蜡"及牙科用熟石膏制剂	10	肥皂,合成洗涤粉等
第35章	蛋白类物质,改性淀粉,胶,酶	3	酪蛋白,酪蛋白衍生物
第37章	照相及电影用品	17	PS版,CTP版,激光胶片,冲洗胶卷等
第38章	杂项化学产品	34	松香,杀虫剂,油酸,活性炭等
第39章	塑料及其制品	77	聚异丁烯,聚氯乙烯,塑料制家具、车厢等
第40章	橡胶及其制品	60	天然橡胶,充气橡胶轮胎,硫化橡胶制衣物等
第41章	生皮(毛皮除外)及皮革	21	绵羊或羔羊生皮,牛马皮革,油鞣皮革等
第42章	皮革制品,鞍具及挽具,旅行用品、手提包及类似容器,动物肠线(蚕胶丝除外)制品	23	鞍具及挽具,皮革或再生皮革制的衣服,以塑料或纺织材料作面的衣箱等
第43章	毛皮、人造毛皮及其制品	10	整张生水貂皮,毛皮衣服,人造毛皮制品等
第44章	木及木制品,木炭	97	木炭,原木,原木木质地板,木质工具等
第45章	软木及软木制品	5	天然软木塞子,块、板、片及条状压制软木等

(续表)

HS章目编号	HS章目释义	产品数目	举例说明
第46章	稻草、秸秆、针茅或其他编结材料制品,篮筐及柳条编结品	5	竹制的席子、席料、帘子
第47章	木浆及其他纤维状纤维素浆,纸及纸板的废碎品	2	从回收纸或纸板提取的纤维浆
第48章	纸及纸板,纸浆、纸或纸板制品	77	新闻纸,瓦楞纸及纸板,信封等
第49章	书籍、报纸、印刷图画及其他印刷品,手稿、打字稿及设计图纸	16	印刷的各种日历,字典、百科全书,印刷的地图
第50章	蚕丝	6	未漂白或漂白的纯桑蚕丝机织物
第51章	羊毛、动物细毛或粗毛,马毛纱线及其机织物	22	羊毛纱线,羊毛细毛机织物
第52章	棉花	72	棉花,棉制缝纫线,棉机织物
第53章	其他植物纺织纤维,纸纱线及其机织物	5	全亚麻机织物,混纺亚麻机织物
第54章	化学纤维长丝	70	纤维长丝缝纫线,纯尼龙布,人纤长丝混纺布等
第55章	化学纤维短纤	71	尼龙,人造纤维短纤布,聚酯布等
第56章	絮胎、毡呢及无纺织物,特种纱线、线、绳、索、缆及其制品	21	棉制的絮胎及其他絮胎制品,化纤长丝无纺织物等
第57章	地毯及纺织材料的其他铺地制品	17	机织地毯及纺织材料的其他铺地制品等
第58章	特种机织物,簇绒织物,花边,装饰毯,装饰带,刺绣品	32	起绒机织物,棉机制花边,刺绣品等
第59章	浸渍、涂布、包覆或层压的织物,工业用纺织制品	29	油画布,人造革,糊墙织物等
第60章	针织物及钩编织物	37	长毛绒织物,棉针织、钩编织物等
第61章	针织或钩编的服装及衣着附件	90	男士女士大衣,防风衣,毛制棉质衣服等

附表5 中美贸易摩擦三轮加征关税清单产品名录总结

(续表)

HS章目编号	HS章目释义	产品数目	举例说明
第62章	非针织或非钩编的服装及衣着附件	119	羽绒服,工装裤,连衣裙等
第63章	其他纺织制成品,成套物品,旧衣着及旧纺织品,碎织物	44	毯子及旅行毯,床单床罩等
第64章	鞋靴、护腿和类似品及其零件	31	防水鞋靴,皮革制鞋面的鞋靴,纺织制鞋面的鞋靴
第65章	帽类及其零件	8	钩编的帽类,针织制成的帽类,安全帽等
第66章	雨伞、阳伞、手杖、鞭子、马鞭及其零件	5	折叠伞,手杖等
第67章	已加工羽毛、羽绒及其制品,人造花,人发制品	6	假发,丝或绢丝制花、叶、果实及其制品等
第68章	石料、石膏、水泥、石棉、云母及类似材料的制品	35	大理石制品,水泥制品,其他碳纤维制品等
第69章	陶瓷产品	22	贴面砖、铺面砖,陶瓷制铺地砖,陶瓷制浴缸等
第70章	玻璃及其制品	43	夹丝浮法玻璃板、片,钟表玻璃,玻璃杯等
第71章	天然或养殖珍珠、宝石或半宝石、贵金属、包贵金属及其制品,仿首饰,硬币	49	水晶,钻石,宝石或半宝石制品等
第72章	钢铁	140	合金生铁,热轧卷材,冷轧卷材等
第73章	钢铁制品	89	钢铁板桩,无缝锅炉管,钢铁制家用器具等
第74章	铜及其制品	55	未精炼铜,精炼铜板、片、带,铜制卫生器具及其零件等
第75章	镍及其制品	9	非合金镍,纯镍板、片、带、箔等
第76章	铝及其制品	31	未锻轧铝合金,纯铝管,铝制易拉罐及罐体等

(续表)

HS章目编号	HS章目释义	产品数目	举例说明
第78章	铅及其制品	3	未锻轧铅锑合金,铅及铅合金板
第79章	锌及其制品	6	未煅轧锌,锌及锌合金条、杆、型材、丝等
第80章	锡及其制品	8	锡及锡合金板、片及带等
第81章	其他贱金属、金属陶瓷及其制品	26	钼丝,锗及其制品,钛管等
第82章	贱金属工具、器具、利口器、餐匙、餐叉及其零件	57	镐、锄、耙,剪刀,裁缝剪刀等
第83章	贱金属杂项制品	20	钥匙,建筑用贱金属配件及架座,贱金属制焊丝等
第84章	核反应堆、锅炉、机器、机械器具及其零件	541	蒸汽锅炉,精馏塔,起重机,钻探或凿井机械,打印机等
第85章	电机、电气设备及其零件,录音机及放声机、电视图像、声音的录制和重放设备及其零件、附件	327	电动机、发电机,变压器,原电池及电池组,移动通信基站,工业机器人等
第86章	铁道及电车道机车、车辆及其零件,铁道及电车道轨道固定装置及其零件、附件,各种机械(包括电动机械)交通信号设备	10	铁道及电车道机车用车轴,集装箱等
第88章	航空器、航天器及其零件	2	滑翔机及悬挂滑翔机,汽球、飞艇及其他无动力航空器
第89章	船舶及浮动结构体	8	帆船,非机动船舶,其他浮动结构体等
第90章	光学、照相、电影、计量、检验、医疗或外科用仪器及设备、精密仪器及设备,上述物品的零件、附件	95	相机镜头,望远镜,液晶显示板,温度计等
第91章	钟表及其零件	19	电子手表,机械手表,挂钟等
第92章	乐器及其零件、附件	15	大钢琴,手风琴,弓弦乐器等

附表 5 中美贸易摩擦三轮加征关税清单产品名录总结

（续表）

HS 章目编号	HS 章目释义	产品数目	举 例 说 明
第 93 章	武器、弹药及其零件、附件	1	其他火器及类似装置
第 94 章	未列名灯具及照明装置,发光标志、发光铭牌及类似品,活动房屋	43	坐具,电气台灯、床头灯、落地灯,塑料家具等
第 95 章	玩具、游戏品、运动用品及其零件、附件	31	玩具动物,球类用品,旱冰鞋等
第 96 章	杂项制品	52	纽扣,拉链,圆珠笔,铅笔等
第 97 章	艺术品、收藏品及古物	4	邮票,雕塑品原件,手绘油画、粉画及其他画,超过一百年的古物
总　　　计		3 571	
中国对美征 5% 关税			
第 1 章	活动物	3	其他哺乳动物,其他爬行动物,其他昆虫
第 4 章	乳品,蛋品,天然蜂蜜,其他食用动物产品	1	其他蛋黄
第 5 章	其他动物产品	2	其他羽毛、羽绒,带有羽毛、羽绒的鸟皮及鸟体其他部分
第 7 章	食用蔬菜、根及块茎	5	冷冻马铃薯,冷冻甜玉米等
第 9 章	咖啡、茶、马黛茶及调味香料	2	咖啡豆荚及咖啡豆皮
第 11 章	制粉工业产品,麦芽,淀粉,菊粉,面筋	4	马铃薯细粉、粗粉及粉末,玉米淀粉
第 12 章	含油子仁及果实,杂项子仁及果实,工业用或药用植物,稻草,秸秆及饲料	5	去壳花生,桃、梅或李的核及核仁
第 13 章	虫胶,树胶、树脂及其他植物液、汁	2	啤酒花液汁及浸膏
第 15 章	动植物油、脂及其分解产品,精制的食用油脂,动植物蜡	3	棉子油,亚麻子油,蜂蜡

(续表)

HS章目编号	HS章目释义	产品数目	举例说明
第16章	肉、鱼、甲壳动物、软体动物及其他水生无脊椎动物的制品	2	火鸡肉及杂碎,鸡胸肉
第17章	糖及糖食	3	无水乳糖
第18章	可可及可可制品	1	含糖或其他甜物质的可可粉
第19章	谷物、粮食粉、淀粉或乳的制品,糕饼点心	3	米粉干,碾碎的干小麦
第20章	蔬菜、水果、坚果或植物其他部分的制品	15	番茄酱罐头,花生酱等
第21章	杂项食品	5	番茄沙司及其他番茄调味汁等
第22章	饮料、酒及醋	2	味美思酒及类似酒
第23章	食品工业的残渣及废料,配制的动物饲料	6	甜菜渣、甘蔗渣及制糖过程中的其他残渣,制成的饲料添加剂
第25章	盐,硫磺,泥土及石料,石膏料、石灰及水泥	21	海水,硅藻土,硅灰石等
第26章	矿砂、矿渣及矿灰	4	铅矿砂及其精矿,钼矿砂及其精矿
第28章	无机化学品,贵金属、稀土金属、放射性元素及其同位素的有机及无机化合物	102	二氧化锰,重水,氯化氢等
第29章	有机化学品	157	多聚甲醛,未混合的维生素及其衍生物,咖啡因及其盐
第30章	药品	8	急救药箱、药包、药棉、纱布、绷带
第31章	肥料	7	硫酸铵,有机无机复混肥
第32章	鞣料浸膏及染料浸膏,鞣酸及其衍生物,染料、颜料及其他着色料,油漆及清漆,油灰及其他胶黏剂,墨水、油墨	20	钛白粉,制漆用颜料,水性喷墨墨水
第33章	精油及香膏,芳香料制品及化妆盥洗品	14	柠檬油,提取的油树脂

附表5 中美贸易摩擦三轮加征关税清单产品名录总结

(续表)

HS章目编号	HS章目释义	产品数目	举例说明
第34章	肥皂、有机表面活性剂、洗涤剂、润滑剂、人造蜡、调制蜡、光洁剂、蜡烛及类似品、塑型用膏、"牙科用蜡"及牙科用熟石膏制剂	14	玻璃或金属用的光洁剂,各种蜡烛及类似品
第35章	蛋白类物质,改性淀粉,胶,酶	14	碱性脂肪酶,明胶及其衍生物
第36章	炸药,烟火制品,火柴,引火合金,易燃材料制品	6	烟花、爆竹,信号弹、降雨火箭、浓雾信号弹
第37章	照相及电影用品	26	柔性印刷版,彩色摄影用胶卷
第38章	杂项化学产品	44	人造石墨,消毒剂,灭火器的装配药
第39章	塑料及其制品	55	塑料制的软管,塑料制门、窗等
第40章	橡胶及其制品	42	硬质橡胶制品,充气橡胶轮胎
第41章	生皮(毛皮除外)及皮革	6	生猪皮,整张生牛皮
第43章	毛皮、人造毛皮及其制品	1	整张的其他生毛皮
第44章	木及木制品,木炭	12	杨木板材,镶嵌木
第47章	木浆及其他纤维状纤维素浆,纸及纸板的废碎品	12	机械木浆,化学木浆
第48章	纸及纸板,纸浆、纸或纸板制品	23	牛皮纸,自印复写纸
第49章	书籍、报纸、印刷图画及其他印刷品,手稿、打字稿及设计图纸	8	儿童图画书、绘画或涂色书,地球仪、天体仪
第52章	棉花	4	棉制缝纫线
第54章	化学纤维长丝	19	他合成纤维长丝单纱
第55章	化学纤维短纤	13	聚酯长丝丝束
第56章	絮胎、毡呢及无纺织物,特种纱线、线、绳、索、缆及其制品	14	化学纤维制的絮胎,聚乙烯或聚丙烯制线、绳、索、缆

(续表)

HS章目编号	HS章目释义	产品数目	举例说明
第57章	地毯及纺织材料的其他铺地制品	4	尼龙簇绒地毯及其他簇绒铺地制品
第58章	特种机织物,簇绒织物,花边,装饰毯,装饰带,刺绣品	7	棉制绳绒织物,丝及绢丝制机织物
第59章	浸渍、涂布、包覆或层压的织物,工业用纺织制品	9	纺织材料制水龙软管及类似管子
第60章	针织物及钩编织物	3	橡胶线的棉针织、钩编织物
第61章	针织或钩编的服装及衣着附件	2	毛制针织或钩编短袜及其他袜类
第62章	非针织或非钩编的服装及衣着附件	1	其他纺织材料制毡呢或无纺织物服装
第63章	其他纺织制成品,成套物品,旧衣着及旧纺织品,碎织物	13	电暖毯,棉制针织的窗帘等
第64章	鞋靴、护腿和类似品及其零件	2	装有金属护鞋头的其他皮革面鞋靴
第65章	帽类及其零件	4	毛皮制帽类,橡胶或塑料制帽类
第66章	雨伞、阳伞、手杖、鞭子、马鞭及其零件	1	庭园用伞及类似品
第67章	已加工羽毛、羽绒及其制品,人造花,人发制品	4	塑料制花、叶、果实及其制品
第68章	石料、石膏、水泥、石棉、云母及类似材料的制品	21	砂纸,水泥制建筑用砖及石砌块
第69章	陶瓷产品	10	实验室、化学或其他技术用瓷器
第70章	玻璃及其制品	38	车辆后视镜,车辆用钢化安全玻璃,玻璃棉及其制品
第71章	天然或养殖珍珠、宝石或半宝石、贵金属、包贵金属及其制品,仿首饰,硬币	17	人工合成的钻石,银器及零件
第72章	钢铁	19	合金钢粉末,热轧不锈钢带材

附表 5　中美贸易摩擦三轮加征关税清单产品名录总结

(续表)

HS章目编号	HS章目释义	产品数目	举例说明
第73章	钢铁制品	47	不锈钢制石油或天然气套管,工业用钢铁丝制品,螺母
第74章	铜及其制品	16	铜丝制的网、格栅、网眼和铜板
第75章	镍及其制品	10	镍合金板、片、带、箔、管
第76章	铝及其制品	20	铝合金条、杆,铝钉、螺钉、螺母、垫圈等紧固件
第78章	铅及其制品	4	铅及铅合金条、杆、丝、型材
第79章	锌及其制品	3	锌板、片、带、箔
第80章	锡及其制品	2	锡及锡合金管、管子附件
第81章	其他贱金属、金属陶瓷及其制品	26	钼制品,钛条、杆、型材及异型材等
第82章	贱金属工具、器具、利口器、餐匙、餐叉及其零件	25	斧子、钩刀及类似砍伐工具,剃刀
第83章	贱金属杂项制品	15	机动车用中央控制门锁,钢铁制软管
第84章	核反应堆、锅炉、机器、机械器具及其零件	193	输出功率≤298 kW航空器点燃式发动机,电动滑车及提升机,抛光机床,挤奶机等
第85章	电机、电气设备及其零件,录音机及放声机、电视图像、声音的录制和重放设备及其零件、附件	132	数字式局用电话交换机,长途电话交换机,电报交换机,光缆,机动车辆用照明装置
第86章	铁道及电车道机车、车辆及其零件,铁道及电车道轨道固定装置及其零件、附件,各种机械(包括电动机械)交通信号设备	4	20英尺罐式集装箱,其他柴油电力铁道机车
第87章	车辆及其零件、附件,但铁道及电车道车辆除外	91	手扶拖拉机,特殊用途机动车辆,机动车辆零件附件
第88章	航空器、航天器及其零件	7	中、小型飞机及其他航空器,空载重量≤7吨的直升机

(续表)

HS章目编号	HS章目释义	产品数目	举 例 说 明
第89章	船舶及浮动结构体	3	汽艇,充气的娱乐或运动用快艇,充气筏
第90章	光学、照相、电影、计量、检验、医疗或外科用仪器及设备、精密仪器及设备,上述物品的零件、附件	113	激光器,紫外线及红外线装置,B型超声波诊断仪等
第91章	钟表及其零件	3	考勤钟、时刻记录器
第92章	乐器及其零件、附件	7	铜管乐器,打击乐器
第93章	武器、弹药及其零件、附件	5	猎枪弹的零件及气枪弹丸,军用剑、短弯刀、刺刀、长矛和类似的武器及其零件
第94章	未列名灯具及照明装置,发光标志、发光铭牌及类似品,活动房屋	13	弹簧床垫,机动车辆用坐具
第95章	玩具、游戏品、运动用品及其零件、附件	15	投币式电子游戏机,扑克牌,跑步机
第96章	杂项制品	13	装药用胶囊,婴儿纸尿裤
第97章	艺术品、收藏品及古物	4	手绘油画、粉画及其他画的复制品
总 计		1 636	

美国对中关税清单(已于2018年9月24日生效)			
HS章目编号	HS章目释义	产品数目	举 例 说 明
第2章	肉及食用杂碎	7	鲜、冷、冻猪肉等
第3章	鱼、甲壳动物、软体动物及其他水生无脊椎动物	264	活鱼,鲜、冷鱼,冻鱼,甲壳动物,软体动物等
第4章	乳品,蛋品,天然蜂蜜,其他食用动物产品	20	乳清,黄油,禽蛋,天然蜂蜜等
第5章	其他动物产品	14	猪鬃、猪毛,马毛及废马毛等

附表5 中美贸易摩擦三轮加征关税清单产品名录总结

(续表)

HS章目编号	HS章目释义	产品数目	举例说明
第7章	食用蔬菜、根及块茎	143	鲜或冷藏的洋葱、青葱、大蒜,卷心菜,菜花,冷冻蔬菜,干蔬菜等
第8章	食用水果及坚果,柑橘属水果或甜瓜的果皮	90	鲜或干的椰子、巴西果及腰果,鲜或干的香蕉、苹果、梨等
第10章	谷物	22	小麦及混合麦,大麦,燕麦,玉米稻谷,使用高粱等
第11章	制粉工业产品,麦芽,淀粉,菊粉,面筋	38	小麦粉,马铃薯粉,麦芽,淀粉等
第12章	含油子仁及果实,杂项子仁及果实,工业用或药用植物,稻草、秸秆及饲料	48	大豆,花生,亚麻子,油菜籽啤酒花等
第14章	编结用植物材料,其他植物产品	8	编制用植物材料
第15章	动植物油、脂及其分解产品,精制的食用油脂,动植物蜡	8	鱼或海生哺乳动物的油、脂及其分离品,羊毛脂等
第16章	肉、鱼、甲壳动物、软体动物及其他水生无脊椎动物的制品	90	制作或保藏的鱼、甲壳动物、软体动物等
第17章	糖及糖食	5	固体甘蔗糖、甜菜糖及化学纯蔗糖,不含可可的糖食
第19章	谷物、粮食粉、淀粉或乳的制品,糕饼点心	6	麦精,面食,面包,饼干,糕点等
第20章	蔬菜、水果、坚果或植物其他部分的制品	140	醋或醋酸制作或保藏的蔬菜、水果、坚果及植物等
第21章	杂项食品	3	调味汁,混合调味品等
第22章	饮料、酒及醋	20	矿泉水、汽水、啤酒、葡萄酒等
第23章	食品工业的残渣及废料,配制的动物饲料	21	动物饲料等
第24章	烟草、烟草及烟草代用品的制品	46	烟草,雪茄烟及卷烟等

(续表)

HS章目编号	HS章目释义	产品数目	举 例 说 明
第25章	盐,硫磺,泥土及石料,石膏料,石灰及水泥	65	盐,硫磺,大理石,花岗岩等
第26章	矿砂、矿渣及矿灰	33	铁、镍、铅、铀或钍、钛等矿砂及其精矿
第27章	矿物燃料、矿物油及其蒸馏产品,沥青物质,矿物蜡	59	煤,煤气,石油原油及提取物,沥青等
第28章	无机化学品,贵金属、稀土金属、放射性元素及其同位素的有机及无机化合物	231	硫酸,硝酸,亚硝酸盐,硫化物碳化物等
第29章	有机化学品	693	无环烃,环烃,无环醇,酚,氨基化合物,化学纯糖等
第31章	肥料	24	动物或植物肥料,氮肥,磷肥,钾肥等
第32章	鞣料浸膏及染料浸膏,鞣酸及其衍生物,染料、颜料及其他着色料,油漆及清漆,油灰及其他胶黏剂,墨水、油墨	102	着色料,颜料,油墨等
第33章	精油及香膏,芳香料制品及化妆盥洗品	25	精油,香料,香水及花露水,化妆品及护肤品,护发品等
第34章	肥皂、有机表面活性剂、洗涤剂、润滑剂、人造蜡、调制蜡、光洁剂、蜡烛及类似品、塑型用膏、"牙科用蜡"及牙科用熟石膏制剂	33	肥皂,清洁剂,润滑剂,人造蜡等
第35章	蛋白类物质,改性淀粉,胶,酶	10	白蛋白,酶等
第36章	炸药,烟火制品,火柴,引火合金,易燃材料制品	1	铈铁及其他引火合金
第37章	照相及电影用品	37	摄影感光胶片,摄影硬片及软片,电影胶片,摄影用化学制剂
第38章	杂项化学产品	142	杀虫剂,灭火器添加剂,活性炭等

附表 5　中美贸易摩擦三轮加征关税清单产品名录总结

（续表）

HS章目编号	HS章目释义	产品数目	举例说明
第39章	塑料及其制品	53	乙烯聚合物,塑料制管,运输或包装用塑料制品等
第40章	橡胶及其制品	124	天然橡胶,合成橡胶橡胶轮胎等
第41章	生皮(毛皮除外)及皮革	85	牛皮革及马皮革,羊皮革等
第42章	皮革制品,鞍具及挽具,旅行用品、手提包及类似容器,动物肠线(蚕胶丝除外)制品	86	鞍具,皮革或再生皮革制的衣服及衣服附件
第43章	毛皮、人造毛皮及其制品	15	毛皮制的衣服,人造毛皮及其制品
第44章	木及木制品,木炭	180	木炭,原木木质板材,木质工具木箱等
第45章	软木及软木制品	19	天然软木,天然软木制品,压制软木等
第46章	稻草、秸秆、针茅或其他编结材料制品,篮筐及柳条编结品	48	编织材料编成的产品
第47章	木浆及其他纤维状纤维素浆,纸及纸板的废碎品	21	机械木浆,化学木浆纸及纸板的废碎品
第48章	纸及纸板,纸浆、纸或纸板制品	222	新闻纸,卫生纸,复印纸,瓦楞纸,文具用纸等
第50章	蚕丝	13	生丝,丝纱线,丝或绢丝机织物
第51章	羊毛、动物细毛或粗毛,马毛纱线及其机织物	101	羊毛,羊毛或动物毛的纱线,羊毛或动物毛额机织物
第52章	棉花	230	棉花,棉制缝纫线,棉机织物
第53章	其他植物纺织纤维,纸纱线及其机织物	30	亚麻,大麻,亚麻机织物等
第54章	化学纤维长丝	129	化学纤维长丝纺制的缝纫线,合成纤维长丝纱线,人造纤维长丝纱线等

(续表)

HS章目编号	HS章目释义	产品数目	举例说明
第55章	化学纤维短纤	130	合成纤维短纤,化学纤维短纤维的缝纫线等
第56章	絮胎、毡呢及无纺织物,特种纱线,线、绳、索、缆及其制品	55	线、绳、索、缆,线、绳或索制的网料等
第57章	地毯及纺织材料的其他铺地制品	48	机织地毯及纺织材料的其他铺地制品等
第58章	特种机织物,簇绒织物,花边,装饰毯,装饰带,刺绣品	68	起绒机织物,毛巾织物,刺绣品等
第59章	浸渍、涂布、包覆或层压的织物,工业用纺织制品	58	糊墙织物,纺织材料制的软管、传送带或输送带等
第60章	针织物及钩编织物	55	针织或钩编的起绒织物
第65章	帽类及其零件	26	帽坯、帽身及帽兜,编织帽,针织帽等
第67章	已加工羽毛、羽绒及其制品,人造花,人发制品	2	羽毛、部分羽毛、羽绒及其制品
第68章	石料、石膏、水泥、石棉、云母及类似材料的制品	65	水泥、混凝土或人造石制品,石膏制品,沥青制品,石棉水泥等
第69章	陶瓷产品	50	硅土制的砖、块、瓦及其他陶瓷制品,瓷餐具,厨房器具,陶餐具,厨房器具等
第70章	玻璃及其制品	110	浮法玻璃板,钢化或层压玻璃制的安全玻璃,玻璃器皿
第71章	天然或养殖珍珠、宝石或半宝石、贵金属、包贵金属及其制品,仿首饰,硬币	48	天然或养殖珍珠,钻石,银,金,贵金属制品等
第72章	钢铁	38	生铁,铁合金,铁或非合金刚平板,不锈钢其他合金钢等
第73章	钢铁制品	134	无缝钢管,钢铁板桩,钢铁制的容器,非电热的钢铁制家用炉、灶,钢铁制卫生器具等

附表 5 中美贸易摩擦三轮加征关税清单产品名录总结

(续表)

HS章目编号	HS章目释义	产品数目	举 例 说 明
第74章	铜及其制品	87	精炼铜及铜合金,铜板,铜箔,铜管等
第75章	镍及其制品	28	未锻轧镍,镍条、板、片箔等,镍管及管子附件等
第76章	铝及其制品	21	铝粉及片状粉末,铝制结构体及其附件,铝制容器家用铝制器皿及其附件
第78章	铅及其制品	9	未锻轧铅,铅板、片、带等
第79章	锌及其制品	7	未锻轧锌,锌条、杆、板等
第80章	锡及其制品	2	其他锡制品
第81章	其他贱金属、金属陶瓷及其制品	37	钨、钼、镁、钛、锰等及其制品,金属陶瓷及其制品
第82章	贱金属工具、器具、利口器、餐匙、餐叉及其零件	94	锹、铲、镐等用具,手工具及机床,有刃口的刀等
第83章	贱金属杂项制品	36	贱金属制的锁,贱金属镜子等
第84章	核反应堆、锅炉、机器、机械器具及其零件	196	汽轮机,内燃发动机及其部件,液体泵,空气泵,起重机,叉车,印刷机,织机,加工机床,计算机器,办公室用机器等
第85章	电机、电气设备及其零件,录音机及放声机、电视图像、声音的录制和重放设备及其零件、附件	213	电动机及发电机,变压器,电磁铁,原电池及电池组,有线电话,扬声器,无线电话,电视接收机,白炽灯泡,热电子管电线电缆等
第86章	铁道及电车道机车、车辆及其零件,铁道及电车道轨道固定装置及其零件、附件,各种机械(包括电动机械)交通信号设备	1	非电力铁道机车
第87章	车辆及其零件、附件,但铁道及电车道车辆除外	125	机动车辆底盘,车身,零件,自行车及其他非机动脚踏车,挂车及半挂车

(续表)

HS章目编号	HS章目释义	产品数目	举例说明
第88章	航空器、航天器及其零件	1	降落伞、旋翼降落伞及其零件
第89章	船舶及浮动结构体	8	娱乐或运动用快艇及其他船舶,其他浮动结构体
第90章	光学、照相、电影、计量、检验、医疗或外科用仪器及设备、精密仪器及设备,上述物品的零件、附件	71	光导纤维,照相机,电影摄影机,放映机,投影仪,复式光学显微镜测绘仪等
第91章	钟表及其零件	17	仪表板钟及车辆、航空器或船舶用钟,时间记录仪等
第94章	未列名灯具及照明装置,发光标志、发光铭牌及类似品,活动房屋	77	坐具,其他家具及零件,弹簧床垫,其他灯具及照明装置,活动房屋
第96章	杂项制品	24	纽扣,拉链等
总　　计			5 745

图书在版编目(CIP)数据

关税结构分析、中间品贸易与中美贸易摩擦/樊海潮著. —上海:复旦大学出版社,2019.6
(2020.3重印)
(纪念改革开放四十周年丛书)
ISBN 978-7-309-14310-2

Ⅰ.①关… Ⅱ.①樊… Ⅲ.①关税制度-研究-中国②中美关系-双边贸易-贸易战-研究 Ⅳ.①F752.53②F752.771.2

中国版本图书馆 CIP 数据核字(2019)第 085358 号

关税结构分析、中间品贸易与中美贸易摩擦
樊海潮　著
责任编辑/张美芳

复旦大学出版社有限公司出版发行
上海市国权路 579 号　邮编:200433
网址:fupnet@fudanpress.com　http://www.fudanpress.com
门市零售:86-21-65642857　团体订购:86-21-65118853
外埠邮购:86-21-65109143
江阴金马印刷有限公司

开本 787×1092　1/16　印张 15　字数 196 千
2020 年 3 月第 1 版第 2 次印刷

ISBN 978-7-309-14310-2/F·2569
定价:78.00 元

如有印装质量问题,请向复旦大学出版社有限公司出版部调换。
版权所有　　侵权必究